AF187975

William Marsh

Wegweiser für Auswanderer nach den Vereinigten Staaten

von Nord-Amerika

William Marsh

Wegweiser für Auswanderer nach den Vereinigten Staaten von Nord-Amerika

ISBN/EAN: 9783743437135

Hergestellt in Europa, USA, Kanada, Australien, Japan

Cover: Foto ©Lupo / pixelio.de

Weitere Bücher finden Sie auf **www.hansebooks.com**

4. Jahrgang. Vierte Ausgabe.

Wegweiser für Auswanderer

nach den

Vereinigten Staaten von Nord=Amerika.

Nach officiellen Documenten

von

W. MARSH,

Consul der Vereinigten Staaten in Altona.

10.9 Hamb. Cour.	1867.	7½ Sgr. preußisch Crt.

Altona.

In Commission bei allen Buchhändlern.

Vorwort.

Es ist der Wunsch des Congresses und des jetzigen Cabinets in Washington, wie aus den im Wegweiser nachgewiesenen officiellen Documenten zu ersehen ist, daß die Einwanderung nach den Vereinigten Staaten möglichst gefördert werde.

Es ist daher ein Einwanderungs-Commissär in Washington, H. R. Congar, ernannt, unter welchem ein Oberaufseher der Einwanderung in New-York (John P. Cumming, 3, Bowling-Green N.-Y.) fungirt, dem wiederum ein Commissär für den Staat New-York zur Seite steht.

Die Behörden gehen von der Ansicht aus, die von den bekanntesten Autoritäten Teutschlands (z. B. Dr. Lallement, Hr. Gerstäcker. u. A.) getheilt wird, daß Mittelspersonen, Auswanderungs-Agenten und Mäkler insgemein wenig geeignet sind das Interesse der Auswanderer zu vertreten und diese daher besser daran thun sich unmittelbar an die betreffenden Consuln der Vereinigten Staaten zu wenden, die ihnen wenigstens unparteilichen Rath, nöthige Aufklärung und nützliche Anweisung ertheilen.

Von dem Wunsche beseelt, den deutschen Auswanderern nach den Vereinigten Staaten förderlich zu sein, habe ich den „Wegweiser" für dieselben ausgearbeitet und in zweien Auflagen gratis vertheilt. Der steigende Bedarf veranlaßt mich, eine mehrfach durch nützliche Winke vermehrte, wohlfeile Ausgabe in den Buchhandel zu bringen.

Dem Format, und dem so mannigfach dem Bedürfniß der Auswanderer angepaßten Inhalt nach, eignet sich diese Taschenausgabe für den allgemeinen und steten Gebrauch und wird dieselbe hoffentlich die freundliche Theilnahme finden, die sich bei den frühern Ausgaben erprobt hat, und die dem Interesse entspricht, welches ich, nach wie vor, den Auswanderern zuwende.

W. Marsh,

Consul der Vereinigten Staaten

Landleute aus Deutschland,

sei es Leute mit einigem Capital, oder Arbeiter, werden in den westlichen Staaten nicht allein fruchtbaren Boden und Arbeit in unerschöpflicher Ausdehnung finden, sondern auch eine Menge von Landsleuten, die dort schon eine Heimath gefunden haben.

Selbst in den Staaten, wo die Staatsländereien bereits meist in Beschlag genommen sind, wie Illinois, Ohio, Indiana finden sich große Strecken des besten, culturfähigen Landes in Händen der Eisenbahn-Gesellschaften und Privaten, von denen selbe zu einem Preise von $ 8 bis $ 24 per Acre abgelassen werden. Mit einer Auslage von ca. $ 4000 an Landkauf, Hausbau und Cultivirung, auf 80 Acres guten Wiesenbodens in Illinois, (prairies) kann man z. B. nach dem ersten Jahre schon auf eine Ernte von $ 3200 an Werth rechnen.

In vielen westlichen Staaten ist aber noch Land vollauf zu $ 1. 25 oder $ 2. 50 zu haben. Der geringere Preis wird aber durch die größere Mühe aufgewogen.

Für Bergleute bieten Virginia, Californien, Nebraska, Oregon und das Territorium von Nevada ein unerschöpfliches Feld, besonders in Virginia, und ist der Bergbau in einer Menge von Staaten in steigender Entwickelung begriffen.

Was die Südstaaten betrifft so dienen folgende Bemerkungen und die Anschläge S. 14 u. ff.

Landleute werden das Klima von Louisiana, Maryland, Virginien, Missouri, Kentucky und Nord Carolina sehr geeignet für Baumwolle, Zucker und Tabak finden. Im jetzigen Augenblick ist das Land in den genannten Staaten der Union sehr billig. Cultivirte Besitzungen mit schönen Gebäuden können per Acre zu $ 5 bis $ 30 gekauft werden. Ebenso sind dort kleine Besitzungen der Acre zu $ 3, oder gegen den dritten Theil der Ernte zu verpachten, in welchem letzteren Fall der Eigenthümer die Ausgaben der Bearbeitung trägt und später es dem Bearbeiter überläßt die Besitzung zu kaufen.

Ein Arbeiter kann 8 bis 10 Acres Baumwollen-Land und 20 Acres mit Mais bearbeiten. - Bei Bearbeitung von Baumwollen-Land geht ein Maulthier auf zwei Arbeiter, bei Maisland ein Arbeiter auf zwei Maulthiere. — Hochland producirt ungefähr einen halben Ballen Baumwolle, das beste Thal-Land einen Ballen und mehr auf den Acre. Man rechnet 400 Pfund auf einen Ballen gereinigter Baumwolle. Baumwolle, auf dem Felde aufgesammelt, enthält 3 Pfund Samen auf ein Pfund gereinigter Baumwolle. — Ein Mann kann 8 bis 15 Ballen Baumwolle im Thal-Land, 4 bis 7 Ballen im Hochland, und 100 bis 300 Bushel an Korn gewinnen. - Das Pflügen für das Baumwollen-Land beginnt im Januar. Die Saat muß im März gepflanzt werden. Am 15. Juli kann meistens der Arbeiter sehen wie die Jahres-Ernte ausfallen wird. — Das Pflücken beginnt im August, und die neue Baumwolle kann im October zum Markt gebracht werden.

Gesetzliche Anordnungen

zur Förderung der Einwanderung, Behuf Ueberfahrt von Passagieren und Niederlassung derselben auf Staatsländereien, nebst andern Bestimmungen.

I. Acte Behuf Förderung der Einwanderung.

Der Senat und das Haus der Abgeordneten der Vereinigten Staaten von Amerika haben im Congresse Folgendes angeordnet:

§ 1. Der Präsident der Vereinigten Staaten wird hiemit bevollmächtigt unter Beirath und Zustimmung des Senats, einen Einwanderungs-Commissär zu ernennen, der unter Leitung des Department of State vier Jahre im Amte bleibt und mit $ 2500 jährlich salarirt wird. Es werden ihm bis drei Secretäre von der Classe, die der Staatssecretäre bestimmt, gestattet. Diese werden von ihm, unter Genehmigung des Staatssecretärs, also angestellt, daß die Dauer ihrer Functionen von ihm abhängt.

§ 2. Alle die auswärts von Einwanderern nach den Vereinigten Staaten, in Uebereinstimmung mit den von dem gedachten Commissär erlassenen Regulativen, gemachten Contracte, durch welche die Einwanderer ihren Arbeitslohn für die Dauer von höchstens 12 Monaten, Behuf Rückzahlung ihrer Auswanderungskosten, verpfändet haben, sollen rechtlich gültig vor Gerichtshöfen der Vereinigten Staaten oder der einzelnen Staaten und Territorien sein. Die in solchen Contracten stipulirten Vorschüsse sollen, insofern die Contracte bei dem recorder der county, wo der Einwanderer sich niederläßt, gerichtlich eingetragen sind, auch auf dem Lande, welches der Einwanderer, sei es unter der Niederlassungsacte (home-stead-law) oder sonst als Eigenthum erwirbt, bindend haften, bis der Einwanderer sie berichtigt hat. Doch erhält kein Contract durch diese Bestimmung Gültigkeit, der gegen die Verfassung der Vereinigten Staaten verstößt, oder der in irgend einer Weise Sclaverei oder Zwangsdienst veranlaßt.

§ 3. Kein Einwanderer ist verpflichtet während der Insurrection in Militärdienste der Vereinigten Staaten zu treten.

§ 4. In New-York soll ein Bureau, benannt Einwanderer-Bureau der Vereinigten-Staaten, errichtet werden. Unter Beirath und Zustimmung des Senats soll ein Beamter allda unter den Namen eines Oberaufsehers der Einwanderung (superintendent of immigration) mit einem Gehalte von $ 2000 jährlich ernannt werden, dem ein Secretär erster Classe zur Verfügung steht. Dieser Oberaufseher soll, unter Leitung des Commissärs für die Einwanderung, sich mit den verschiedenen Eisenbahn- und Transport-Gesellschaften der Vereinigten Staaten über Fahrbillette für die Einwanderer, und die von ihnen zu zahlenden Preise, contractlich verständigen, und sie, nach dem vom Commissär erlassenen Reglement gegen Uebertheuerung und Betrug schützen, auch ihnen solche Auskunft und Erleichterung gewähren, wie sie, Behuf leichtester und wohlfeilster Reise nach dem Orte ihrer Bestimmung, nöthig ist. Auch hat der Oberaufseher sich sonstigen vom Commissär auferlegten Pflichten zu unterziehen. Doch dürfen die Obliegenheiten, die dem Oberaufseher in der Stadt New-York vom Commissär auferlegt werden, nicht mit den Obliegenheiten und Befugnissen des vom Staate New-York insbesondere bestellten Commissärs für die Einwanderung daselbst in Widerstreit sein. Ferner hat der gedachte Oberaufseher darauf zu sehen, daß die Bestimmungen der sogenannten Passagier-Akte (passenger-act) genau eingehalten und Uebertretungen derselben mit den gesetzlichen Strafen belegt werden.

§ 5. Keine Person kann ein nach dieser Akte errichtetes Amt bekleiden, welche, direct oder indirect, in Gesellschaften oder Corporationen betheiligt ist, die sich mit Landverkauf oder mit Transport oder Ueberfahrt von Einwanderern abgeben, sei es daß dieser aus der Fremde sich nach den Vereinigten Staaten oder Territorien oder Theilen derselben begeben, oder selbe Zahlung oder Lohn, oder Versprechen, dahin zielend, für geleistete Dienste oder zugewandte Vortheile empfangen haben, welche Personen zufließen, die dem durch diese Akte entstehenden Berufskreise angehören. Hat irgend ein Beamter in dem Berufskreise dieser Akte irgend Zahlung, Lohn oder Vortheile oder Versprechen der Art für Dienste oder Vortheile angenommen, die einer Person zufließen aus der Categorie dieser Akte fällt, so soll er, nach Erweis, mit einer Brüche von $ 1000 oder Gefängniß von höchstens drei Jahren, nach Ermessen des competenten Gerichts, bestraft werden und unfähig sein irgend ein Amt in den Vereinigten Staaten zu bekleiden, mit dem Ehre, Vertrauen oder Einnahme verbunden ist.

§ 6. Der Einwanderungs-Commissär hat beim Beginn der jährlichen Congreß-Versammlung einen detaillirten Bericht, betreffend die Einwanderung des vorhergehenden Jahres aus der Fremde, nebst detaillirter Rechnungsablage für Auslagen in Gemäßheit dieser Akte, zu erstatten.

§ 7. Eine Summe von $ 25,000, oder so viel davon nach dem Erachten des Präsidenten nöthig ist, wird zu dem Zwecke der Ausführung dieser Akte aus den Mitteln des Schatzes, über welche nicht anderweitig disponirt ist, ausgeworfen.

Genehmigt, Juli 4. 1864.

II. Instruction des Einwanderungs-Commissärs für den Oberaufseher der Einwanderung in New-York.

Hrn. John B. Cumming,
Oberaufseher der Einwanderung,
3, Bowling-Green, N.-Y. WASHINGTON, D. C. Aug. 12, 1864.

In Gemäßheit der Congreß-Akte, vom 4. Juli d. J., betitelt: „Akte zur Förderung der Einwanderung", dienen folgende Regeln Ihnen zur Beachtung.

§ 1. Alle im Auslande von Einwanderern nach den Vereinigten Staaten abgeschlossenen Contracte, durch welche selbe ihren Arbeitslohn zur Deckung ihrer Auswanderungskosten bestimmen, sollen Ihnen zur schriftlichen Genehmigung vorgelegt werden. Sie müssen den Bestimmungen jener Akte vom 4. Juli d. J. gemäß sein. Kein Contract soll von

Ihnen genehmigt werden, wenn Sie nicht persönlich Sich von der wirklichen Herüberkunft der Einwanderer, die der Contract betrifft, überzeugt haben, oder wenn der Contract auf Erfüllung eines unredlichen, gesetzwidrigen oder unrühmlichen Berufs gerichtet ist, oder unbillig niedrigen oder leichtsinnigen Lohn bedingt. Erhält der Contract ihre Genehmigung nicht, so werden die Bestimmungen im § 2 jener Acte hinfällig. Sie werden über alle genehmigten Contracte ein Register führen, in welchem die Namen der Contrahenten, das Datum des Anfangs und Ablaufs, der Belauf der Vergütung und sonstige allgemeine Clauseln gebucht sind, und dem department of state Copie davon für das Einwanderungs-Bureau einsenden.

§ 2. Sie werden keinen Contract genehmigen, in welchem der Einwanderer sich zum Eintritt in den Militärdienst der Vereinigten Staaten zur See oder zu Lande verpflichtet, und werden die Einwanderer, die solche Contracte eingegangen sind, so viel thunlich, von der Ungültigkeit derselben in Kenntniß setzen.

§ 3. (Bezieht sich auf die jetzt beendigte Empörung.) Sie haben die Arrestation aller Personen zu veranlassen, welche durch falsche Vorspiegelungen Einwanderer unfreiwillig zum Dienst in Heer und Flotte der Vereinigten Staaten anzuwerben versuchen.

§ 4. Sie müssen von allen im Hafen New-Yorks ankommenden Einwanderern genaue Listen machen und bewahren, in welchem, so weit thunlich, Nationalität, Ort der Abfahrt, Schiff, Datum der Abfahrt und Ankunft, Name, Geschlecht, Alter, Beruf und Bestimmungsort in den Vereinigten Staaten angegeben sind. Für die sichere Aufbewahrung von Geld und Werthsachen von geringem Umfang, die einstweilig von den Einwanderern deponirt werden, ist Anstalt zu treffen, ohne daß dafür Kosten oder Vergütung zu entrichten sind. Briefe für dieselben sollen empfangen und ausgeliefert werden, und jede Erleichterung ihnen zufließen, die zu ihrer Bequemlichkeit und Zufriedenheit dient, soweit dadurch keine Belastung Ihres Bureau's eintritt.

§ 5. Der Acte gemäß sollen Sie Contracte mit den Eisenbahn- und Speditions-Gesellschaften der Vereinigten Staaten für die von den Einwanderern zu zahlenden Fahrbillette abschließen. Die Güter-Spedition ist ein wichtiger Ausgabe-Punkt für die Einwanderer. Ihre Sorge muß daher hauptsächlich darauf gerichtet sein, zu diesem Zwecke günstige Bedingungen von den Eisenbahn-Gesellschaften oder andern Spediteurs zu erlangen und die gesetzliche Bestrafung für Betrug oder Erpressung abzielen Agenten oder Zwischenhändlern zu bewirken.

§ 6. Sie haben auch auf die stricte Gelebung der Bestimmungen der „Passagier-Acte", und auf Bestrafung aller Uebertretungen derselben zu machen. Sie haben daher alle mit Auswanderern im Hafen von New-York ankommenden Schiffe sorgfältigst inspiciren zu lassen, und wo der gedachten Acte zuwider gehandelt ist, haben sie die Bestrafung der Schiffs-Eigenthümer zu bewirken.

§ 7. Am ersten jeden Monats haben Sie eine gedrängte Liste der eingehenden Einwanderung des vorhergehenden Monats beim Einwanderungs-Bureau einzureichen, in welcher die Nationalität, der Abfahrtshafen, die Anzahl jedes Geschlechts nach Classen von fünf zu fünf Jahren, Beruf und Bestimmungsort angegeben sind.

§ 8. Unter allen menschenfreundlichen und nützlichen Einrichtungen dieser Lande gibt es keine ausgezeichnetere, die größere und dauerndere Wohlthaten erzeugt hätte, als die Einwanderer-Commission des Staates New-York, keine, die mit mehr Weisheit geleitet worden wäre. Die großen Verdienste derselben sind vom Congreß durch die Clausel anerkannt, daß ihre Autorität und ihr Pflichtkreis nicht durch ihre Obliegenheiten modificirt werden sollen. Der Congreß hat dasselbe Ziel vor Augen wie jene Commission, und Ihr Bemühen muß dahin gerichtet sein, im Einverständniß mit derselben zu handeln, deren

Zwecke so viel als möglich zu fördern, und in Ihrem Thun sich auf die Erfahrung, Weisheit und Rechtschaffenheit derselben zu verlassen.

Genehmigt:

William H. Seward,
Staatssecretär.

James Bowen,
Einwanderungs-Commissär.

III. Verbesserte Schutzacte für Frauenzimmer und andere Zwecke.

§ 1. Jeder Capitain (Schiffsführer) oder sonst an Bord eines Schiffes der Vereinigten Staaten Angestellte oder Dienende oder Matrose, welcher während der Fahrt solches Schiffes, sei es vermöge Eheversprechen oder Drohungen, vermöge seiner Autorität oder Zumuthungen, vermöge Geschenke oder Gaben, einen weiblichen Passagier verleitet und unerlaubten Umgang mit ihr pflegt, soll eines Vergehens schuldig erachtet und, nach Ueberführung mit Gefängniß bis zu 12 Monaten oder mit Brüche bis zu $ 1000 bestraft werden; es sei denn, daß die Ueberführung vor Gericht durch erfolgende Heirath der verführenden und verführten Person abgewendet wird.

§ 2. Kein Officier, Matrose oder sonstiger Angehöriger eines nach den Vereinigten Staaten fahrenden Auswanderer-Schiffes soll sich in die den Einwanderern angewiesenen Räume begeben oder sie visitiren, es sei denn nach besonderer hierzu ertheilter Erlaubniß oder Anweisung des Schiffsführers oder Capitains. Der Uebertreter soll eines Vergehens schuldig erachtet und, nach Ueberführung, seines Lohnes für die Fahrt, auf welcher das Vergehen begangen, zu Gunsten des Schiffes verlustig sein. Der Capitain oder Schiffsführer, welcher ohne gültigen Grund, d. h. wegen Ausführung nöthiger und nützlicher Zwecke, solchen Besuch der den Passagieren zugewiesenen Plätze erlaubt oder befiehlt, soll einer Pflichtverletzung schuldig erkannt und mit einer Brüche von $ 50 für jeden Fall der Uebertretung bestraft werden.

§ 3. Capitaine oder Führer von Schiffen, die nach den Vereinigten Staaten bestimmt sind, sollen an augenfälliger Stelle des Vorderdecks und in andern Theilen des Schiffs eine geschriebene oder gedruckte Anzeige des Inhalts obigen zweiten Paragraph's in englischer, französischer und deutscher Sprache anheften und während der ganzen Dauer der Reise angeheftet erhalten. Wer dies versäumt, ist eines Vergehens schuldig und wird, nach Ueberführung, mit Brüche bis zu $ 500 belegt.

§ 4. Wenn Jemand eines Vergehens wider die Bestimmungen des § 1 dieser Acte überführt und mit Brüche belegt wird, so ist es dem Ermessen des Gerichts überlassen, durch einen protocollirten Bescheid der erhobenen Betrag der Brüche dem verführten Frauenzimmer, eventuell deren Kinde oder Kindern zuzuwenden, oder zu deren Nutzen und Gebrauch zu verwenden.

§ 5. Zur Ueberführung in Betreff eines Vergehens nach § 1 dieser Acte genügt das Zeugniß des Frauenzimmers nicht, es sei denn durch andere Beweismittel unterstützt. Auch muß die Anklage innerhalb eines Jahres nach Ankunft des Schiffes in dem Hafen, wohin es zur Zeit des begangenen Vergehens bestimmt war, vorgebracht werden.

Genehmigt, 24. März 1860.

IV. Acte zur Sicherstellung der Ansiedelung auf Staatsländereien.

§ 1. Jede Person, die Familienhaupt ist oder das einundzwanzigste Jahr erreicht hat, und Bürger der Vereinigten Staaten ist, oder eine solche Erklärung abgegeben hat, Bürger der Vereinigten Staaten werden zu wollen, wie in den Naturalisations-Gesetzen der Vereinigten Staaten angeordnet ist, die auch weder Waffen gegen die Vereinigten Staaten getragen, noch deren Feinden Hülfe und Vorschub geleistet hat, soll vom 1. Janr. 1863 an berechtigt sein, eine Viertel Section, oder weniger, von disponibeln Staatsländereien zu beanspruchen, sei es daß dieselbe Person schon vorher einen Verkaufsanspruch (preemption claim) angemeldet hat, oder daß es zur Zeit der Geltendmachung dieses Rechts zu $ 1. 25, oder weniger, pr. Acre noch dem Vorkauf offensteht; oder 80 Acres, oder weniger, zu $ 2. 50 pr. Acre solchen disponibeln Landes, in einem Blocke, übereinstimmend mit den gesetzlichen Abtheilungen solcher Ländereien, nachdem sie vermessen worden. Eine Person, welche bereits Land besitzt und darauf wohnt, kann anderes anstoßendes Land in Anspruch nehmen, wenn es mit dem früher besessenen Lande zusammen nicht mehr als 160 Acres ausmacht.

§ 2. Jede Person, die dieser Acte gemäß Land beansprucht und ihr Verlangen bei dem betreffenden Land-Amte (register of the land office) protokollirt, muß vor dem Registrator oder Steuereinnehmer eidlich erklären, daß sie die Eingangs erwähnten Eigenschaften besitzt, und daß die Eintragung des Anspruchs im eigenen Nutzen und Interesse ausschließlich zum Zwecke wirklicher Niederlassung und Bebauung, und weder unmittelbar oder mittelbar im Interesse und Nutzen irgend einer andern Person ist. Nach Abgabe solchen Affidavits vor dem Registrator oder Steuereinnehmer, und nach Einzahlung von $ 10 soll die Person das angegebene Maaß Land anzutreten berechtigt sein. Indeß wird kein Schein ertheilt, noch ein Patent erlassen, bevor 5 Jahre nach dem Tage der Protokoll-Eingabe (entry). Wenn nach Ablauf der 5 Jahre und bevor Ablauf weiterer 2 Jahre, die Person, welche die Eingabe gemacht hat, oder deren Wittwe, oder, wenn auch sie verstorben, ihre Erben oder erklärte Nachfolger, oder diese nach ihrem Tode, wenn die Wittwe bereits die Eingabe (entry) gemacht hat, — mittelst zweier glaubwürdigen Zeugen es erhärtet, daß sie oder deren Wittwe oder Nachfolger bereits in 5 auf die Abgabe des Affidavits unmittelbar folgenden Jahren auf dem Lande gewohnt und es bebaut habe, und ferner eidlich erklärt, daß kein Theil des betr. Landes veräußert worden sei und daß sie der Regierung der Vereinigten Staaten treu ergeben gewesen, so soll diese Person — deren Wittwe oder Nachfolger — insofern dann Bürger der Vereinigten Staaten, die Ausstellung eines Patents, wie in andern gesetzlichen Fällen, verlangen dürfen. Sind Vater und Mutter gestorben und haben Kind oder Kinder unter 21 Jahren hinterlassen, so soll Recht und Eigenthum zu Gunsten solchen Kindes oder Kinder gewahrt werden. Der Vormund, Executor oder Administrator darf alsdann zu jeder Zeit, innerhalb zwei Jahre nach dem Tode des Letztlebenden, und den Gesetzen des Staates gemäß, in welchem die Kinder derzeit sich aufhalten, das Land im Interesse der Kinder verkaufen, jedoch ausschließlich zu diesem Zwecke, und erhält der Käufer einen vollkommenen Eigenthumsanspruch (title) und ist berechtigt, gegen Erlegung der Expeditionsgebühren und der angegebenen Kaufsumme, ein Patent der Vereinigten Staaten ausgestellt zu verlangen.

§ 3. Der Registrator des Landbureaus soll alle solche Eintragungen oder Gesuche in den Länderei-Registern und Karten des Bureaus notiren und ein Register über die Eintragungen (entries) führen, auch dem Generalbureau der Ländereien (General Land Office) Extract darüber vorlegen, unter Beilegung der Beweisthümer, welche die Ansprüche begründen.

§ 4. Die vermöge der Bestimmungen dieser Acte erworbenen Ländereien sollen in keinem Falle zur Befriedigung von Schulden, die vor Ausfertigung des betreffenden Patents contrahirt sind, in Anspruch genommen werden dürfen.

§ 5. Hat der Ansiedler, nach Angabe der im § 2 verlangten endlichen Erklärung, und vor Ablauf der vorgedachten 5 Jahre, beweislich, und nach gehörig ihm ertheilter

Warnung, und also daß der Registrator des Landbüreaus sich genugsam davon überzeugt hat, seinen Wohnort verändert oder die Länderei zu irgend einer Zeit auf mehr als sechs Monate verlassen, so fällt das Land, für welches die Eintragung geschehen, der Regierung wieder anheim.

§ 6. Keine einzelne Person soll mehr als eine Viertel Abtheilung (160 Acres) in Folge dieser Acte erwerben dürfen. Der Commissair des allgemeinen Landbüreaus hat, in Uebereinstimmung mit dieser Acte, solche Anordnungen und Regulative zu erlassen, welche deren Bestimmungen zur Ausführung bringen. Die Registratoren und Einnehmer in den verschiedenen Landbüreaus sollen bei Eintragungen, zufolge dieser Acte, zu denselben Vergütungen berechtigt sein, wie bei Eintragungen für Geld, so daß die Hälfte der Gebühren bei Eingabe des Gesuchs von dem erlegt wird, der die Eingabe macht, die andere Hälfte bei Ausstellung des Certificats von dem, zu dessen Gunsten der Schein ausgestellt wird. Doch darf keine Erhöhung der Gebühr über das gesetzlich bestimmte Maximum für den Registrator oder Einnehmer hinaus stattfinden. Auch soll diese Acte in keiner Weise so gedeutet werden, daß dadurch schon bestehenden Vorkaufsrechten Eintrag geschieht; vielmehr sollen alle diejenigen, welche vor Erlaß dieser Acte eine Anmeldung, betreffend verlangte Vorkaufsrechte, gemacht haben, aller Begünstigungen aus dieser Acte theilhaft sein. Auch fällt die Beschränkung wegen noch nicht erreichten 21jährigen Alters bei allen denen hinweg, die auch nur 14 Tage als Regulaire oder Freiwillige in der Armee oder auf der Flotte der Vereinigten Staaten während wirklicher Kriegführung, sei es im Innern oder Aeußern, den dieserhalb erlassenen Gesetzen gemäß, gedient haben oder haben werden.

§ 7. Der fünfte Paragraph des Gesetzes vom 3. März 1857, betreffend „Bestrafung gewisser Verbrechen gegen die Vereinigten Staaten", soll auf alle Eide, Aussagen und Affidavits, die durch diese Acte erfordert werden, Anwendung finden.

§ 8. Keine Bestimmung dieser Acte soll so gedeutet werden, daß derjenige, welcher die Begünstigungen nach § 1 derselben in Anspruch genommen, für Land, das er vor Ablauf der 5 Jahre durch Eintragung verlangt, mehr als den Minimum-Preis, oder den statt desselben eingetretenen Preis, zu zahlen hätte, oder verhindert würde von der Regierung, wie in andern gesetzlichen Fällen in denen ein Vorkaufsrecht nach Erweis der Ansiedelung und Bebauung gestattet ist, ein Patent zu erlangen.

Genehmigt, 20. Mai 1862.

Staats-Ländereien.

Da in den westlichen Staaten, namentlich Michigan, Minnesota, Wisconsin, Kansas, Jowa, Texas, Arkansas, Oregon ⁊c., Millionen Acres des besten Bodens unbebaut liegen, die zu $ 1. 25 und $ 2. 50 pr. Acre zu haben sind, sowie auch die Ueberlassung von Viertel Sectionen (von 160 Acres), nach vorstehendem Ansiedelungsgesetz, von wirklichen Ansiedlern, die sich an das Land Office in Washington wenden, leicht erlangt werden kann, so werden zur Erleichterung derjenigen, die Land nachsuchen, die nöthigen Formulare A. B. C. D. in Englisch beigefügt.

Formul. A.
Anſiedelung.

Geſuch. }   **An das Land=Bureau,** _____
Nr.   }   (Datum.)____ __

Ich, __ __ _____ ____, aus_____ __, bitte, gemäß Acte vom 20. Mai 1862,
betitelt: „Acte zur Sicherſtellung von Anſiedelungen auf Staatsländereien", um Anrecht
auf_____ __ der Section __ ___ in der township__ ____ der Abtheilung __ __, ent-
haltend __ Acker.

HOMESTEAD.

APPLICATION. }   **LAND OFFICE AT**__ __ __,
  No. __   }   (Date.)____ __

I, __ _____ , of __ __ , do hereby apply to enter, under the
provisions of the act of Congress approved Mai 20. 1862. entitled "An act to
secure homesteads to actual settlers on the public domain", the __ __ of section __ in township ____ of range ___ . containing__   acres.

Zu Vorkaufsfällen iſt Folgendes hinzuzufügen:
Having filed my preemption declaration thereto on the   day of __ ___ ".

Hierauf erhält man folgenden Schein:

                     LAND OFFICE AT____ __,
                                 __ __. 186

I, __ __, Register of the Land Office, do hereby certify that
the above application is for surveyed lands of the class which the applicant is
legally entitled to enter under the Homestead Act of May 20. 1862. and that there
is no prior. valid. adverse right to the same.

                         ____ ___ __,
                                Register.

Form B.
HOMESTEAD.

(Affidavit.)   **LAND OFFICE AT** ___ ,
                         (Date.)__ __

I, __ of __ . having filed my Application. No.__ __, for an
entry under the provisions of the act of Congress, approved May 20, 1862,
entitled "An act to secure homesteads to actual settlers on the public domain",
do solemnly swear, that [Here state whether applicant is the head of a family,
or over twenty-one years of age; whether a citizen of the United States, or has
filed his declaration of intention of becoming such; or. if under twenty-one
years of age. that he has served not less than fourteen days in the army or
navy of the United Staates during actual war; that he has never borne arms against
the government. or given aid and comfort to its enemies; that said Application
No.__ __ is made for his. or her. exclusive benefit; and that said entry is made
for the pourpose of actual settlement and cultivation, and not, directly or in-
directly. for the use or benefit of any other person or persons whomsoever.]
Sworn to and subscribed. this _____ day of _____, before

            Register (or Receiver) of the Land Office.

Form C

HOMESTEAD.

RECEIVER'S OFFICE, _____

(Date.)_____

RECEIVER'S RECEIPT, }
No._____ }

} APPLICATION.
} No._____

Received of _____ the sum of _____ dollars _____ cents, being the amount of fee and one-half the compensation of Register and Receiver, for the entry of _____ of section _____ in township _____ of range _____, under the act of Congress approved May 20, 1862, entitled "An Act to secure home-steads to actual settlers on the public domain".

$_____

Receiver.

Form D.

HOMESTEAD.

LAND OFFICE AT_____

(Date.)_____

CERTIFICATE, }
No._____ }

} APPLICATION.
} No._____

It is hereby certified that, pursuant to the provisions of the act of Congress approved May 20, 1862, entitled "An act to secure homesteads to actual settlers on the public domain", _____ _____ has made payment in full for_____ of section _____ in township _____ of range, _____ containing _____ acres.

Now, therefore, be it known, that on presentation of this certificate to the Commissioner of the General Land Office, the said _____ _____ shall be entitled to a patent for the tract of Land above described.

Register.

Die Landvertheilung geschieht nach Sections-Loosen, wie nachstehend:

| Ganze Section 640 Acres. | ½ Section. 320 Acres. | ¼ 160 Acres. | ⅛ 80 A. 40 A. | 1/16 |

Winke für Auswanderer
nach den Vereinigten Staaten.

Für den, der nach Amerika auswandern will, ist eine sichere Kenntniß dessen, was er in seiner Geschäftsbranche zu erwarten hat, sehr nützlich. Hierüber wollen wir ihm einige zuverlässige Winke geben.

Fleißige Landleute, mit einem Capital von 500 Thlr. oder mehr können mit Sicherheit darauf rechnen, daß sie sich in unabhängiger Stellung auf eigenen Höfen ansiedeln können. Erst haben sie einige Entbehrung und starke Arbeit zu ertragen; doch werden sie sich bald in bequemer und unabhängiger Lage befinden.

Handwerker, meist aller Art, können, insofern sie die Mittel haben sich nach den Orten im Innern zu begeben, wo man ihrer bedarf, mit größter Wahrscheinlichkeit auf guten Verdienst rechnen. Gute Grobschmiede, Formschneider in Eisen, Maschinisten, Zimmerleute, Maurer, Maler Gipser u. s. w. werden im Westen leicht ihr Brod finden und auch der Süden fängt an den Bedarf in größerm Maßstabe zu fühlen.

Bergleute und Hüttenarbeiter können auf ein Tagelohn von 5 — 6 Thlr. rechnen. Weber und Spinner werden in Neu-England (im Nord-Osten) zu Tausenden gesucht. Fleißige Mädchen von gutem Betragen verdienen in den Spinnereien 6 - 10 Thlr wöchentlich, während sie Wohnung und Unterhalt für 3 — 4 Thlr. finden.

Dienstboten mit guten Empfehlungen, deren Aeußeres reinlich und angenehm, und deren Wandel exemplarisch ist, finden stets gute Stellungen in achtbaren Familien. In bequemen Dienst, bei guter Kost und Wohnung erhalten sie 2 - 4 Thlr. Lohn wöchentlich. Insgemein können sie auf 3 Thlr. rechnen

Gärtner und Baumzüchter sind sehr gesucht und erhalten, außer Kost, 40 50 Thlr. monatlich. Sind sie verheirathet, erhalten sie leicht eine Wohnung mit Garten zu eigenem Gebrauch.

Schäfer finden leicht einen Dienst, besonders im Westen, wo man anfängt sich im Großen auf die Wollproduction zu legen.

Eisenbahnarbeiter werden zu Tausenden gesucht zu einem Tagelohn von über 2 Thlr., oder über 14 Thlr. wöchentlich, während sie für ⅖ davon sich in Kost geben.

Bauknechte und Ackerarbeiter werden, besonders in den nordwestlichen Staaten, unbegrenzt verlangt. Auch im Süden wird der Bedarf mit jedem Tage größer. Sie erhalten 20 40 Thlr. monatlich, und Kost und Logis außerdem.

Kurz, wer nur mit Körperkraft und gesundem Kopf versehen ist, wird, mit Fleiß, jedenfalls gutes, achtbares Fortkommen finden. Allen aber ist die Bedingung zu stellen, daß sie so viel Geld haben müssen die Reise ins Innere, wenigstens bis Lynchburg in dem Staate Virginia, oder Chicago (Illinois) zu bezahlen. Keiner halte sich in New-York auch nur einen Augenblick länger auf als durchaus nothwendig ist, sondern beeile sich seine Bestimmung im Innern zu erreichen.

Baumwolle.
(Beilage Nr 1.)
Anschlag der Kosten einer Baumwollen-Plantage.

Hundert Acres mit Baumwolle und ebensoviel mit Mais bearbeitet durch zehn Arbeiter:

Ausgaben:

120 Bushel Maismehl $ 90. Speck $ 273	$ 363
5 Maulthiere $ 500 und Fütterungskosten $ 360	„ 860
5 Pflüge $ 40, 2 Karren $ 60, ein Wagen $ 100	„ 200
Hacken und andere Werkzeuge	„ 100
Zehn Arbeiter $ 120	„ 1200
	Summa: $ 2723

Einnahmen:

300 ℔ Baumwolle pr. Acre, 30,000 ℔ à 40 Cts.	$ 12000
30 Bushel Mais pr. Acre, 3000 Bushel à 75 Cts.	„ 2250
	Summa: $ 14250

Ergeben also einen Gewinn von $ 11,527.

Zu bemerken ist, daß keine Schwierigkeit bei'm Bearbeiten der Baumwolle vorhanden ist. Der unerfahrenste Arbeiter in der Welt, unter der unbeholfensten Leitung, hat sein Fortkommen in diesem Geschäft gefunden. Hiesige Landleute können das Bearbeiten des Landes sehr leicht lernen, oder mit Hülfe eines guten Aufsehers eine Plantage gleich verwalten. — Leute, die hier in Europa für ihr bloßes Leben arbeiten, können im Süden mit demselben Fleiß, bei dem jetzigen Preise des Landes, ihr Glück machen.

(Beilage Nr. 2.)
Anschlag der Kosten einer Farm von 40 Acres.

Zehn Acres mit Baumwolle, 15 Acres mit Mais, Kartoffeln, Früchten ꝛc., 15 Acres Waldland für Feuerung, Umzäunung ꝛc. sind durch eigene Arbeit zu bewirthschaften. Das Land wird je nach der Lage und den anderen Verhältnissen $ 5 bis $ 20 pr. Acre kosten. Mais zu 75 Cts. der Bushel, Speck zu 15 Cts. das Pfund. —

Ausgaben für das Jahr:

Essen für den Arbeiter, Mais, 12 Bushel, $ 9, Speck oder anderes Fleisch, 200 ℔ $ 30	$ 39
Maulthier $ 100, Futter für dasselbe $ 60	„ 160
Kosten für Karren, $ 40, Pflug $ 12	„ 52
Werkzeuge ꝛc.	„ 10
	Summa: $ 261

Einnahmen:

Gereinigte Baumwolle 3000 ℔	$ 1200	Cts.	00
Mais, Bushel 300	„ 225	„	00
Futter 2500 ℔	„ 18	„	75
	Summa: $ 1443	Cts.	75
	Ausgaben: „ 261	„	—
	Netto Gewinn: $ 1182	Cts.	75
Hiezu der Werth des Maulthieres:	„ 120	Cts.	—
	Summa: $ 1302	Cts.	75

Ein thätiger Arbeiter kann insgemein mit seiner Familie auf der oben beschriebenen Farm gut leben und hat noch 6 bis 10 Ballen Baumwolle außer seinen Ausgaben frei Die berechneten 300 ℔ Baumwolle pr. Acre sind sehr gering berechnet; man kann 100 und mehr Pfund ernten.

Die folgenden Anschläge 3 und 4 sind von besonderem Interesse für Capitalisten und vollkommen zuverlässig, da sie von einem Baumwollen-Pflanzer herrühren, der durch Plantagenkultur in Mississippi eine 16jährige Erfahrung erworben hat. Die Berechnungen sind billig und werden sich beim Versuch bewähren.

Die Aufmerksamkeit des deutschen Landmannes und Capitalisten, ist daher auf Prüfung dieser Ueberschläge zu lenken.

(Anschlag 3)

Anschlag der Kosten und des Gewinnes bei Bebauung von 650 Acres im Mississippi-Thal, nämlich 500 Acres mit Baumwolle und 150 Acres mit Korn.

Für das erste Jahr.

Ausgaben:

Für 50 Arbeiter à 120 $ pr. Jahr	$	6000 —
„ 50 bbls Schweinefleisch à 35 $ pr. bbl	„	1750 —
„ 12 bbls Melasse à 40 $ pr. bbl	„	500 —
„ 50 Mann Bekleidung à 40 $ bis 50 $	„	2500 —
„ Medicin und Arzt	„	750
„ 25 Maulthiere à 125 $	„	3125 -
„ 2500 Bushel Korn à 1 $	„	2500 -
„ Futter und Heu	„	1000
„ Wagen, Pflüge, Hacken, Geschirr ꝛc.	„	2000 —
„ Lohn für Aufsicht ꝛc.	„	1000 —
„ Ochsen, Milchkühe ꝛc.	„	1000 --
„ Zucht-Schweine zur Speckgewinnung für's nächste Jahr	„	750
„ verschiedentliche Ausgaben	„	2125

Total-Ausgabe $ 25000 —

Einnahmen.

Für 500 Ballen Baumwolle à 400 ℔, 30 Cents pr. ℔	$	60000
„ 5000 Bushel Korn à 75 Cents	„	3750 -
„ Futter und Heu	„	1500 -

$ 65250

Ausgaben „ 25000 --

Netto-Ertrag... $ 40250 -

Solche Pflanzung kann für $ 10,000 bis $ 15,000 mit guten Gebäuden ꝛc. erstanden werden. Der Werth des Bodens wird sich außerdem verdoppeln, abgesehen vom Gewinn durch den jährlichen Ertrag.

Eine Plantage im Mississippi-Thal mit 650 Acres cultivirten Landes wird präsumtiv 1500 Acres enthalten. Rechnet man dieses Land zu $ 20 pr. Acre, so würde dies $ 30,000 ausmachen. Zieht man diese Werthsumme vom Ertrage $ 40,250, so wird dieses einen reinen Ueberschuß von $ 10,250 geben, nachdem die 1500 Acres Land nebst Maulthieren, Rindern, Schweinen, Wagen, Werkzeugen ꝛc. bezahlt sind.

(Anschlag 4.)

Wenn eine hoch, oder im Flußgebiet belegene Plantage von der besten Sorte bebaut wird, so darf man auf 1500 Acres Land 1000 Acres Culturboden rechnen. Werden 700 Acres hiervon mit Baumwolle und 300 Acres mit Korn bebaut, so dürften die Bebauungs- kosten $ 27,000 nicht überschreiten. Der Ertrag würde wenigstens folgender sein:

350 Ballen Baumwolle à 400 ℔, 30 Cents pr. ℔	$ 42000	—
6000 Bushel Korn à 75 Cents	„ 4500	—
Futter und Heu	„ 2500	
	$ 49000	
Ausgaben	„ 27000	
Reiner Ueberschuß	$ 22000	
Abzug des Werths von 1500 Acres besten Hochlandes	„ 15000	—
Netto-Gewinn	$ 7000	—

Außer diesem Reingewinn von $ 7000 hat man den Preis von 1500 Acres hoch, oder im Flußgebiet belegenen Landes von der besten Sorte, nebst Maulthieren, Rindern, Schweinen und Plantagen-Werkzeugen bezahlt.

In den Thal-Pflanzungen ist gewöhnlich nur ein Drittel des Areals zur Bebauung geeignet; in den hochgelegenen Pflanzungen dagegen ungefähr zwei Drittel; der übrige Theil des Landes, der in beiden Fällen Gehölz oder Weideland ist, kann von Jahr zu Jahr, wie es erforderlich ist, in Cultur gebracht werden.

Baumwolle-Ertrag.

Die Baumwollen-Ernte in folgenden Staaten betrug im Jahre 1860:

In Alabama	Ballen	989,955
„ Georgia	„	702,840
„ Florida	„	65,753
„ Süd-Carolina	„	353,412
„ Texas	„	431,463
„ Louisiana	„	777,738
„ Mississippi	„	1,202,507
„ Arkansas	„	367,338
Zusammen Ballen		4,891,006

Man durfte für das nächste Jahr kaum den vierten Theil dieses Ertrages erwarten, aber es ist zu beachten, daß Baumwolle, welche damals für 50 Cents pr. ℔ verkauft wurde, auf 70 Cents oder bis zu 1 $ steigen mochte. Wird solcher Preis im ersten Friedensjahr erzielt, so wird Capital von auswärts, von Europa sowohl als vom Norden, dem Süden zufließen, und die Pflanzungen, welche jetzt für 8 bis 20 $ pr. Acre am Markte sind, werden 40 $ bis 120 $ pr. Acre werth werden. Capitalisten, welche jetzt im Stande sind, entweder allein, oder in Verbindung mit Freunden, über Mittel zum Ankauf zu verfügen, werden, wenn sie bis zum nächsten Jahre warten, solche Pflanzungen schwerlich für den doppelten Preis des gegenwärtigen bekommen können.

Tabak.

Der Tabacksbau ist in vielen Punkten vortheilhafter, als der der Baumwolle, indem bei jenem gar keine Maschinen nothwendig sind; es wird oft auf einer kleinen Farm eine sehr gute Ernte gemacht, und eignet sich der Boden Virginien's ganz vorzüglich zu seinem Anbau.

Reis= und Zucker=Plantagen.

Dieselben erfordern bedeutende Ausgaben. Maschinerien, Gebäude und sorgsame Verwaltung machen es nur größeren Capitalisten möglich, großen Gewinn aus solchen Plantagen zu ziehen.

Staat Illinois.

Gewinn an Korn und Heu, Zucht von Rindvieh.

Der Staat Illinois ist nicht allein der hervorragendste Staat der Union an Korn= production, sondern auch der erste an Rindviehzucht. Seine fruchtbaren Prairien sind von der Natur sehr geeignet für die Zucht von Ochsen, Schafen, Pferden und Maulthieren; — das eingesalzene Schweinefleisch dieses Staates ist das gesuchteste in der Union. — Die Heuernte betrug im Jahre 1861: 2,166,725 Tons à 2240 ℔.

Taback und Flachs.

Der Anbau von Taback im südlichen Theile von Illinois hat sich im Laufe des Krieges bei dem hohen Preise des Tabacks bedeutend vergrößert. Die Tabacksernte für das Jahr 1864 betrug 18,867,722 ℔. Hanf und Flachs werden auch in allen Theilen dieses Staates gewonnen.

Obst, Gemüse und Wein.

Alle Früchte, die sonst unter gleichem Breitegrade gedeihen, werden auch in Illinois gewonnen. Pfirsiche, Birnen, Aepfel, Stachelbeeren, Johannisbeeren, Himbeeren und Heidel= beeren, ebenso alle Gartengemüse findet man auf den Märkten von Chicago und St. Louis täglich. — Der Wein= und Traubenbau wird hier, wie in Ohio, Virginien, Missouri und Californien, fleißig betrieben und man hält dies Geschäft für ein sehr vortheilhaftes. — Gutes Farmland kann jetzt im Staat Illinois für baares Geld von 8—24 $ pr. Acre gekauft werden und kann man bei Auszahlung des baaren Geldes 10 pCt. Disconto abziehen.

Analyse des Prairie=Bodens in Illinois.

Die von Prof. Völcker, dem Chemiker der königl. Landbaugesellschaft in England, vorgenommene, von Herrn J. Caird, P. G., in seinem Prairie farming in America (Wiesen= und Landbau in Amerika) veröffentlichte Analyse des Wiesenbodens in Illinois, ist um so wichtiger, da sie auf alle Wiesenlandstrecken im Westen der Alleghanys, namentlich in Missouri, Minnesota, Wisconsin, Michigan und Indiana, insgemein anwendbar ist. Es ist hauptsächlich die Fülle des Nitrogen (salpeterhaltigen Ammoniak), welche dem Weizenbau so förderlich ist. Man berechnet, daß der Acre dieses Bodens bis 10 Zoll Tiefe an 6720 ℔ dieses fruchtbringenden Stoffs enthält, während das jährliche Ernte eines Ackers im Korn und Stroh ca. 52 ℔ desselben aufweis't, also Vorrath für mehr als 100 Weizenernten an diesem nothwendigen Element vorhanden ist, während der fruchtbarste britische Boden nur etwa die Hälfte davon enthält. Bedenkt man nun, daß das sich wellenförmig erhebende Prairieland außerordentlich fruchtbar ist und durchgängig Gürtel wohlbestandenen Wald= bodens in der Nähe jeder Ansiedlung hat, nebst einer unerschöpflichen Menge von Quellen, Wasserläufen und Bächen, die insgemein dem Mississippi zuströmen, so kann sich dem ackerbauenden Auswanderer kein günstigeres Terrain darbieten, als in Illinois, wo Land aus zweiter Hand in Fülle billig zu haben ist.

Die Analyse des Prairie-Bodens an vier Stellen des der Central-Eisenbahn in Illinois angehörigen Landes, sowie des Bodens von Old Red Sandstone in England, vorgenommen von gedachtem Prof. Wölcker, verglichen mit der Analyse des Weizenbodens in Schottland, vorgenommen von Prof. Anderson, Chemiker der Hochland-Gesellschaft für Landbau in Schottland, ist in nachstehender Tabelle zusammengestellt.

Stoffe.	In Illinois. Nummer 1	2	3	4	In England.	Mid-Lothian shire.	East Lothian shire.	Perth shire.	Berwick shire.	Stoffe.	Mechanische Analyse des Prof. Wölcker. Nummer 1	2	3	4
Organischer Stoff und Wasser										Lehm				
Alumen										Kalk				
Eisenoxyd										Sand				
Kalk										Organische Stoffe				
Magnesium														
Potasche														
Soda														
Phosphorsäure														
Schwefelsäure														
Kieselerde														
Wasser														
Kohlensäure u. Verlust														
Enthaltend														
Nitrogen														
Krautsalentvorhandennium														

Eigenthums-Documente.

Ein unanfechtbares Eigenthums- oder Uebertragungs-Document ist für jeden Auswanderer, der sich ankauft, von größter Wichtigkeit. Ist es Regierungsland, welches vom Staat direct verkauft wird, so ist das Uebertragungs-Patent genügend. Beim Privathandel aber thut man Recht wohl daran, wenn man die Kaufacte, vor der Vollziehung, einem gesetzkundigen Juristen oder Advocaten übergiebt, welcher die Register der Landverkäufe im Rathhause (court-house) des Hauptortes der Grafschaft, in welcher der Besitz belegen ist, nachschlägt und darnach entscheidet, ob die Arte sicher gültig und anwendbar ist

CASTLE GARDEN.

Auswanderer, Passagiere des Zwischendecks, welche von Europa in New-York landen, müssen im CASTLE GARDEN an's Land steigen. Dieses Etablissement steht unter der Aufsicht der Regierung und nur deren Agenten haben darin Zutritt.

Eisenbahn=Billets

sind im Zweig-Bureau in Castle Garden nach allen nördlichen, westlichen und südlichen Hauptplätzen und Städten zu haben. Für diejenigen, welche schweres Gepäck mit sich führen, ist es eine große Bequemlichkeit, selbes allda eintragen zu lassen, weil es alsdann frei nach dem Depôt befördert wird. Jeder Packen wird mit einem numerirten Messing-Schild versehen, welches check (Anweisung) genannt wird. Ein Duplicat desselben wird dem Eigenthümer eingehändigt, welcher sein Gepäck am Bestimmungsort gegen Einlieferung der Marke unweigerlich erhält.

Abgaben in Nord=Amerika.

Man hat viel von den hohen Abgaben gefabelt, die nach dem Kriege dem Volke in den Vereinigten Staaten aufgebürdet seien. Das Grundlose der Behauptung ist in der Schrift D. A. Wells, A. M.: „Unsere Last und unsere Stärke", nachgewiesen.

Nachstehende Liste zeigt, daß man in der Zollabgabe den Bedarf der Arbeiter insbesondere berücksichtigt hat.

Thee pr. ℔ . . . . — ⚹ 14 β Crt. = —$ 10½ Sgr.
Kaffee „ . . . . — „ 2½ „ „ = — „ 1⅛ „
Whisky pr. Gallon (6 Fl.) . . . 3 „ 8 „ „ = 1 „ 12 „
Bier pr. Faß . . . . 3 „ 8 „ „ = 1 „ 12 „
Tabak pr. ℔ . . . . 1 „ 2 „ „ = — „ 13½ „
Zucker pr. ℔ . . . . — „ 1½ „ „ bis 2½ β Crt.

Auf Korn, Früchte, Gemüse, Fleisch, ist kein Zoll. Amerika ist das Land der Arbeiter, und sind ihre Rechte als freie Bürger eben so sehr beachtet als ihr materielles Wohlsein.

Amerikanisches Geld.

1 Dollar in Gold oder Silber = 100 Cts. 1$ 13 Sgr. = 3 ⚹ 83 bis 3 ⚹ 103
½ Dollar in Gold oder Silber = 50 „
¼ Dollar in Gold oder Silber = 25 „
One dime in Silber . . . . = 10 „
½ dime in Silber . . . . = 5 „
1 Cent in Kupfer . . . . = 1 „

Geld betreffend.

Der deutsche Auswanderer wird finden, daß in den Vereinigten Staaten amerikanisches Gold- oder Papiergeld das beste Tauschmittel sind. Für Besitzer größerer Summen ist es aber gerathen, sich mit Wechseln Hamburger Banquiers zu versehen, welche in New-York zahlbar sind. Man braucht sich Behuf Eincassirung nicht in New-York aufzuhalten. Nach Ankunft am Bestimmungsorte kann man seine Wechsel bei jedem angesehenen Banquier im Inlande sich auszahlen lassen.

2*

Preise
für Arbeit in den Vereinigten Staaten.
April 1866.

Männer-Arbeit.

		$ Cts.	$ Cts.
Lehrling	pr. Woche	2.50-	6.00
Unterschmiede.	„ Monat	60.00--	75.00
Buchhalter ...	„ Jahr	800.00-	1000.00
Barbiere.....	„ Woche	6.00-	12.00
Bildhauer....	„ Monat	50.00-	70.00
Kellner......	„ Monat	14.00-	26.00
Färber......	„ Monat	30.00-	40.00
Grobschmiede..	„ Tag	2.00-	4.00
Dampfkessel-Arbeiter ...	„ Tag	3.00-	4.00
Hämmerer ...	„ Tag	1.50-	2.50
Maurer	„ Tag	1.75-	4.00
Metall-Hähne-Arbeiter ...	„ Tag	2.00-	4.00
Metallformer.	„ Tag	2.00-	4.00
Polirer......	„ Woche	7.00-	12.00
Claviermacher.	„ Woche	8.00-	13.00
Kohlenstaub-Arbeiter ...	„ Tag	2.00-	3.00
Buchbinder ...	„ Tag	1.75-	3.00
Wagensattler.	„ Woche	10.00-	20.00
Kutscher.....	„ Woche	10.00-	16.00
Brauer......	„ Woche	10.00-	15.00
Wagenmaler..	„ Tag	2.00-	4.00
Teppich-Verkäufer.....	„ Woche	10.00-	16.00
Uhrmacher ...	„ Tag	2.00-	3.50
Kalfaterer ...	„ Tag	2.00-	3.50
Tischler.....	„ Tag	1.75-	3.00
Zimmerleute..	„ Tag	1.75-	3.00
Omnibus-Conducteure ...	„ Tag	2.00-	--.--
Omnibus-Kutscher......	„ Tag	2.00-	--.--
Messerschmiede	„ Monat	45.00-	65.00
Kutscher (Privat.....	„ Woche	8.00-	13.00
Kutschenmaler	„ Tag	1.75-	3.50
Korbmacher..	„ Monat	30.00-	40.00

		$ Cts.	$ Cts.
Schriftsetzer (für 1000 Buchstaben)		—.35-	.50
Böttcher ....pr.	Tag	1.75-	3.00
Kohlenminen-Arbeiter ...	„ Tag	3.00-	5.00
Kupferschmiede	„ Tag	2.00-	3.00
Stahlfabrikanten........	„ Woche	18.00--	25.00
Apothekergehülfen........	„ Jahr	500.00-	1000.00
Schnittwaaren-Handelsburschen......	„ Woche	10.00-	20.00
Mobilien-Verläufer.....	„ Woche	10.00-	20.00
Mühlenbauer..	„ Monat	50.00-	70.00
Silberschmiede	„ Monat	40.00-	60.00
Elfenbeinarbeiter........	„ Monat	30.00-	40.00
Lichtzieher....	„ Woche	8.00-	10.00
Scheerenfabrikanten.....	„ Tag	1.75-	3.50
Geldschrankschmiede ...	„ Woche	15.00-	22.00
Glaser......	„ Tag	1.50-	3.00
Gasarbeiter..	„ Tag	2.00-	3.50
Gewürzkrämergehülfen ...	„ Woche	8.00--	20.00
Büchsenmacher	„ Tag	1.75-	3.50
Scheerenschleifer......	„ Tag	1.75-	4.00
Haartuchmacher	„ Tag	1.25	3.50
Sattler......	„ Tag	1.75-	3.50
Hutmacher ...	„ Tag	2.00-	3.50
Stahlschmelzer	„ Woche	20.00-	30.00
Eisenschmelzer	„ Tag	3.00-	4.00
Stahlhammer-Arbeiter ...	„ Woche	20.00-	30.00

		$ Cts.	$ Cts.
Tagelöhner in der Stadt..	pr. Tag	1.50—	2.00
Tagelöhner auf dem Lande (mit Essen).	„ Monat	15.00—	24.00
Lithographen..	„ Tag	1.75—	2.50
Riemenfabri kanten.....	„ Tag	2.00—	2.75
Kleinschmiede..	„ Woche	12.00—	20.00
Kammmacher..	„ Woche	5.00—	10.00
Maschinenbauer	„ Tag	2.00—	4.00
Bauleute.....	„ Tag	2.00—	4.00
Eisenformer..	„ Tag	2.00—	4.00
Nagelschmiede..	„ Tag	4.00—	5.00
Maler	„ Tag	2.00—	4.00
Gypser	„ Tag	1.75—	3.00
Bleiarbeiter...	„ Tag	1.75—	3.00
Federmesser Schmiede...	„ Monat	40.00—	50.00
Packknechte...	„ Woche	9.00—	15.00
Arbeiter in Druckereien	„ Woche	10.00—	16.00
Buchdrucker...	„ Woche	12.00—	20.00
Polizeidiener..	„ Jahr	1000.00—	—.—
Papier-Fabri kanten.....	„ Tag	1.50—	2.25
Polirer(Stühle).	„ Woche	12.00—	18.00
Vergolder....	„ Tag	2.00—	3.00
Mustermacher.	„ Tag	2.00—	3.00
Taschenbuch macher....	„ Woche	12.50—	18.00
Meißel-Fabri kanten.....	„ Tag	2.00—	3.50
Eisen-Walzen- Fabrikanten excl. Bezah lung d. Hei zers u.Hülfs mannes...	„ Tag	1.00—	6.00
Stahl-Walzen- Fabrikanten	„ Woche	20.00—	35.00
Stahlfeder-Fa brikanten...	„ Woche	8.00—	10.00
Stellmacher...	„ Monat	40.00—	55.00
Pumpenmacher	„ Tag	2.00—	3.00
Seiler.......	„ Tag	2.50—	3.50

		$ Cts.	$ Cts.
Conditor (mit Essen).....	pr. Monat	25.00—	30.00
Bürstenbinder	„ Tag	1.25—	2.00
Knopfmacher..	„ Tag	2.00—	3.50
Graveur.....	„ Tag	1.50—	3.00
Töpfer.......	„ Tag	1.75—	3.00
Cigarrenmacher	„ Tag	2.00—	4.00
Segelmacher..	„ Tag	1.75—	3.75
Schuster.....	„ Tag	1.25—	3.00
Schiffszimmer leute......	„ Tag	2.00—	3.50
Schild-Fabri kanten.....	„ Woche	10.00—	18.00
Steinhauer...	„ Tag	2.00—	3.50
Treppenmacher	„ Tag	2.00—	3.50
Typen- oder Lettergießer	„ Tag	2.00—	3.00
Letternschneider	„ Tag	2.00—	3.00
Schneider...	„ Tag	1.50—	4.50
Schieferdecker.	„ Tag	2.00—	3.00
Zinngießer...	„ Tag	1.50—	3.00
Drechsler....	„ Tag	1.50—	2.75
Koffer-Fabri kanten.....	„ Tag	1.75—	3.00
Segelgarn macher....	„ Tag	1.50—	2.50
Tapezier....	„ Tag	1.75—	3.00
Aufwärter (mit Essen).....	„ Monat	15.00—	30.00
Kleinweißfabri kanten.....	„ Tag	1.75—	3.00
Müller und Bäcker.....	„ Monat	50.00—	75.00
Photographen..	„ Monat	45.00—	75.00

Frauen-Arbeiten.

		$ Cts.	$ Cts.
Blumenmacherin	pr.Woche	1.50—	5.00
Buchfälzerin...	„ Woche	3.00—	8.00
Buchnäherin...	„ Tag	—.75—	1.00
Knopflochnäherin	„ Woche	4.00—	7.00
Garnwinderin..	„ Woche	3.00—	5.00
Knaben-Mützen macherin....	„ Woche	3.50—	6.00
Mäntelschneiderin	pr.Mantel	—.60—	2.60

	$ Cts.	$ Cts.				$ Cts.	$ Cts
Mützenmacherin pr.Tutzend	—.40—	1.50	Handschuh- macherin....	„	Woche	3.50	5.00
Schnürleib-Nä- näherin	„ Woche 4.00—	8.00	Haararbeiterin..	„	Woche	4.50—	7.50
Köchin(mitEssen)„ Woche	2.50—	8.00	Stickerin	„	Woche	4.00	8.00
Schneiderin... „ Woche	3.00—	7.00	Trockenamme (mit Essen)..	„	Woche	1.50—	2.50
Pelzarbeiterin. „ Woche	3.50—	6.00	Schirmfabrikan- tin........	„	Woche	6.00—	10.00
Kamaschennäherin pr.Paar	—.12—	—.44	Hosennäherin...	„	Hose	—.40	2.50
Crinolinenschnallen- Arbeiterin.. pr.Tutzend	—.12—	—.—	Hembennäherin	„	Hemd	—.25	1.25
Crinolinnäherin „ Woche	3.50—	8.00	Maschinen-Nä- herin......	„	Woche	5.00	10.00
Hausmädchen (mit Essen).. „ Woche	1.50—	4.00	Lehrerin.....	„	Woche	5.00	12.00
Leinenröckenäherin pr.Rock	—.50—	—.—	Cuastennäherin	„	Tag	.40	—.—
Hutmacher- gehülfin....pr. Woche	3.50—	7.00	Zeltnäherin ...	„	Tag	—.40	—.75
Putzmacherin.. „ Woche	4.00—	10.00	Westennäherin..	„	Woche	2.00	—.—

Preis von Eßwaaren, Kleidung, Feuerung in New-York.

				$ Cts.	$ Cts.
Lichte	Abamantine,	pr. ℔		—.27	—.30
	Stearin,	„ „		—.30	—.31
	Wallrath,	„ „		—.40	—.50
	Talg,	„ „		—.25	—.26
Kohlen	Anthracit	„ Tons = 2240 ℔		12.00	13.50
Kaffee	Java,	„ ℔		—.27	—.30
	Rio,	„ „		—.20	—.21
	St. Domingo,	„ „		—.18	—.20
Fische	Stockfische,	„ 100 ℔ (Gewicht)		8.00	9.50
	Klippfische,	„ Faß		8.00	9.50
	Makrelen, Nr.1	„ „		17.00	20.00
	„ 2	„ „		15.25	18.00
	Lachs,	„ „		10.60	—.—
	Hering,	„ „		6.50	9.00
Mehl	Mehl Nr. 1,	„ 100 ℔		7.80	8.60
	Michigan-Mehl			7.80	8.80
	Canada-Mehl			8.30	12.50
Tabak	Virginia			—.60	1.20
Früchte	Rosinen-Trauben,	pr. Kiste		5.00	—.—
	Gewöhnl.	„		5.00	—.—
	Corinthen,	pr. ℔		—.15	16.—
	Citronen,	„ „		—.45	—.47
	Datteln	„ „		—.15¼	—.—
Getreide	Weizen,	„ bushel (Scheffel)		1.75	2.75
	Roggen,	„ „		1.16	1.25
	Gerste,	„ „		1.00	1.25

			$ Cts.	$ Cts.
Getreide	Hafer,	pr. bushel	—.50 —	.62
	Erbsen,	„ „		
	Bohnen,	„ „	1.00	1.12¼
	Welsche Bohnen		3.75 —	4.00
	Indianisches Korn		—.70 -	1.00
Petroleum	Rohes, pr. Gallon		—.39 —	—.40
	Gereinigtes		—.79 —	-.80
	Naphta		—.52 —	—.55
Fleisch ꝛc.	Ochsenfleisch, pr. Faß		11.00	14.00
	Sehr feines Ochsenfleisch, pr. Faß		14.00 --	17.00
	Schweinefleisch, 1. Qual. (Westen) pr. Faß..		32.75 -	33.00
	2. „ „ „ „		—.-- --	28.00
	Speck, pr. ℔		—.15 -	-.20
	Schinken, pr. ℔		—.20	.23
	Schultern vom Schwein, pr. ℔		-.16¼	-.17¼
Butter	(Westen) pr. ℔		.28 -	—.40
	(New-York) pr. ℔		—.40 —	-.54
Käse	pr. ℔		-.14¼	—.18¼
Reis	Carolina, 100 ℔		13.00 --	14.00
Spiritus	Branntwein, franz., pr. Gallon		7.00 —	9.50
	Rum, Jamaika,	„ „	9.00 —	10.00
	Genever,	„ „	4.00	5.50
	Kornbranntwein,	„ „	2.62 —	-.--
	Gewöhnl. Holländer,	„	2.62 —	—.--
	Guter Rum,	„ „	2.62 -	.--
	Whisky,	„ „	2.45 -	-.--
Zucker	Portorico, pr. ℔		—.13¼	.17¼
	Cuba,	„ „	—.13 -	-.16
	Melado	„ „	.9 -	.10
	Talle, 1. Sorte, pr. ℔		—.14 —	.15
Thee	Hayßan, pr. ℔		1.10 —	1.65
	Young Hayßan, pr. ℔		—.90 —	1.80
	Kugel-Thee, pr. ℔		1.20 —	1.90
	Japanesischer Thee, pr. ℔		1. 5 -	1.35
	Colong-Thee, pr. ℔		—.99	1.70
Wein	Madeira, pr. Gallon		4.50 -	8.00
	Sherry,	„ „	2.00 --	9.00
	Portwein,	„ „	2.50 --	6.00
	Marseille-Madeira, pr. Gallon		1.75 —-	1.90
	Marseille-Portwein,	„ „	1.85 —-	2.00
	Burgunder,	„ „	1.75 --	2.40
Baumwollenwaaren	Bett-Ueberzüge, pr. Yard		—.35 --	—.50
	Ungebleichte oo.,	„ „	—.30 --	-.33
	Baumwollflanelle	„ „	—.37 —	--.47
	Cattune,	„ „	-.25 —	—.33
	Ginghams	„ „	—.-- —	—.35
	Denims,	„ „	—.30 —	.62

		$ Cts.	$ Cts.
Baumwollenwaaren....Ueberzug, pr. Yard		—.25 —	—.65
Trell, „ „		—.30 —	—.37
Federn.............Prima (Westen), pr. ℔		—.80 —	—.85

Chicago, Marktpreise,
December 1865.

			$ Cts.	$ Cts.
Butter.............Gute, pr. ℔			—.25 —	—.28
	Schöne, erste Qualität, pr. ℔		—.30 —	—.31
	Gewöhnliche, pr. ℔		—.16 —	—.18
Mehl..............Winter-, pr. Faß			8.50 —	11.00
	Von Sommerkorn, pr. Faß		7.00 —	8.00
Getreide..........Weizen, pr. bushel			1.20 —	1.80
	Korn (Mais), pr. bushel		—.61 —	—.65
	Hafer, pr. bushel		—.30 —	—.33
	Roggen, „ „		—.70 —	—.71
	Gerste „ „		—.58 —	.59
Salz..............Feines, pr. Faß			2.60 —	—
Zucker............Cuba, pr. ℔			—.14 —	—.16½
	Porto Rico, pr. ℔		—.16 —	—.17½
	Weißer Zucker, pr. ℔		—.20 —	—.21½

Eisenbahn=Fahrtage von New=York

nach		Meilen		Amerikan. Geld.
nach Pittsburg	Pennsylvania	431 Meilen	6 $	50 Cts.
„ Cincinati	Ohio	770 „	— 11 „	50 „
„ Indianopolis	Indiana	825 „	12 „	00 „
„ St. Louis	Missouri	1087 „	17 „	50 „
„ Des Moines	Jowa	1245 „	24 „	00 „
„ Chicago	Illinois	898 „	13 „	00 „
„ Milwaukie	Wisconsin	983 „	— 15 „	50 „
„ Cleveland	Ohio	570 „	8 „	50 „
„ Detroit	Michigan	701 „	10 „	50 „
„ Boston	Massachusetts	234 „	4 „	00 „
„ Davenport	Jowa	1000 „	16 „	50 „
„ Springfield	Illinois	1000 „	— 16 „	50 „
„ Lynchburg	Virginia	450 „	7 „	00 „
„ Lynchburg	Virginia, pr. Dampfschiffe	450 „	4 „	00 „

Kinder unter 10 Jahren zahlen nur die Hälfte der Fahrtare, und Säuglinge unter 1 Jahr sind ganz frei. Jedem erwachsenen Passagier sind 80 ℔ Freigepäck gestattet. Alles Gepäck wird in New-York gewogen und nach dem Bestimmungsort dirigirt. Das Uebergewicht wird in New-York berechnet und allda dem Gepäck- oder Wagenmeister, welcher es in Verwahrung genommen, berichtigt.

Grosse Stamm-Bahn.

Fahrpreise für europäische Auswanderer, von Quebek nach Hauptorten, besonders in den westlichen Staaten.

April 1, 1866.

		£	s.	d.	$ Ct.			£	s.	d.	$ Ct.
Adrian	Michigan	1	19	5	9.60	Freeport	Illinois	2	10	1	12.15
Alton	Illinois	2	10	11	12.35	Fulton	„	2	10	11	12.35
Augusta	„	3	1	8	14.95	Galena	„	2	11	9	12.55
Aurora	„	2	2	3	10.25	Galesburg ...	„	2	16	8	13.70
Beaverdam ...	Wisconsin	2	14	9	13.30	Greenbay	Wisconsin	3	1	8	14.95
Bellefontaine .	Ohio	2	11	9	12.55	Greencastle ...	Indiana	3	9	6	16.85
Beloit	Wisconsin	2	8	8	11.80	Hamilton ...	Ohio	2	17	6	13.78
Belvedere	Illinois	2	7	4	11.45	Hannibal	Missouri	3	6	7	16.15
Berlin	Wisconsin	2	19	2	14.35	Hericon......	Wisconsin	2	11	9	12.55
Bloomington .	Illinois	2	10	11	12.35	Indianopolis .	Indiana	3	2	9	15.20
Boston	Massachuf.	1	—	6	5.00	Jowa City ...	Jowa	3	—	6	11.70
Buffalo	New-York	1	8	9	6.95	Janesville ...	Wisconsin	2	6		11.15
Burlington ..	Jowa	2	16	8	13.70	Jackson	Michigan	1	17	-	8.95
Cairo	Illinois	3	3	4	15.35	Jacksonville ..	Illinois	2	8	6	11.80
Cape Vincent.	New-York		15	10	3.80	Jefferson City.	Missouri	3	-		14.55
Chicago	Illinois	2	1	1	9.95	Jeffersonville .	Indiana	3	14	2	17.95
Cincinati	Ohio	3	—	6	11.70	Jolliet	Illinois	2	6	10	11.35
Cleveland	„	2	2	9	10.40	Kansas City..	Kansas	5	17	6	28.45
Columbus ...	„	2	17	6	13.78	Kenosha	Wisconsin	2	1	1	10.20
Copper Harbo.	Michigan	3	5	9	15.90	Keokul	Jowa	3	9	10	16.95
Dayton	Ohio	2	13	7	12.95	Killbourne City	Wisconsin	3	1	8	14.95
Davenport ...	Jowa	2	15	1	13.35	La Croß	„	3	4	11	15.75
Decatur	Illinois	2	9	2	11.85	Lansing	Jowa	3	4	11	15.75
Detroit	Michigan	1	12	10	6.95	La Salle	Illinois	2	6	10	11.36
Dixon	Wisconsin	2	9	10	12.00	Lafayette	Indiana	3	2	5	15.10
Dubuque	Jowa	3	-		14.55	Lalepepin	Minnesota	3	19	9	19.30
Dunleith	Wisconsin	2	18	4	14. 2	Lawrence	Massachuf.	1	--	6	5.00
Evansville ...	Indiana	4	7	1	21.10	Lexington	Kentucky	6	8	2	31.05
Eagle Harbor.	Michigan	3	5	9	15.95	Logansport...	Indiana	2	17	6	13.78
Eagle River..	„	3	5	9	15.95	Lisbon	Wisconsin	3	5	3	15.80
Fairfield.....	Jowa	3	5	9	15.95	Louisville	Kentucky	3	16	7	18.55
Fondulac	Wisconsin	2	15	1	13.35	Macomb.....	Illinois	3	1	8	14.95
Fort Wayne..	Indiana	2	8	--	11.65	Madison.....	Wisconsin	2	11	11	12.60

	£	s.	d.	$ Ct.
Mattefou .... Illinois	2	4	9	10.85
M'c Gregors. Minnefota	3	1	8	14.95
Mattoon .... Illinois	2	8	6	11.80
Marquette ... Michigan	2	15	10	13.50
Mendota .... Illinois	2	8	2	11.75
Michigan City. Indiana	1	19	--	9.45
Milwaufie ... Wisconsin	2	1	1	9.95
Mineral Point „	2	19	-	14.35
Mount Pleafent Iowa	3	1	8	14.95
Muscatine ... „	2	19	-	14.30
Naples ...... Illinois	2	11	7	12.50
New-Orleans. Louifiana	5	2	9	24.90
New-York ... New-York	1		6	5.00
Ogdensburg.. „	--	13	4	3.20
Ontonagan .. Michigan	3	9	-	16.70
Ofwego ..... New-York	1		6	5.00
Ofhkofh ..... Wisconsin	2	16	8	13.70
Ottumwa .... Iowa	3	9	10	16.90
Peoria ...... Illinois	2	12	11	12.85
Pontiac ..... Michigan	1	15	4	8.20
Portage City . Wisconsin	2	19	4	14.35
Portage Lake . Michigan	2	19	2	14.40
Port Huron.. „	1	10	11	7.50
Portland .... Maine	1	—	6	5.00
Prairie du Chien Wisconsin	3	1	8	14.95
Prefcott ..... „	4	-	6	19.50
Princeton .... Illinois	2	11	2	12.45

	£	s.	d!	$ Ct.
Quincy ..... Illinois	3	1	8	14.85
Racine ...... Wisconsin	2	1	1	9.95
Redwing .... Minnefota	3	19	9	19.35
Ripon .... Wisconsin	2	17	6	13.95
Rochefter .... New-York	1	2	7	5.50
Rockford ..... Illinois	2	9	1	11.85
Rock Island.. „	2	15	1	13.35
Sanbusky ... Ohio	2	1	1	9.95
Sheboygan .. Wisconsin	2	1	1	9.95
Springfield .. Illinois	2	6	10	11.35
Sydney ..... Ohio	2	8	10	11.85
Sparta ..... Wisconsin	3	9	10	16.90
St. Louis.... Miffouri	2	11	9	12.55
St. Paul .... Minnefota	4	1	5	19.75
Superior City Michigan	4	2	2	19.90
Terre Haute.. Indiana	3	12	10	17.70
Toledo ...... Ohio	1	16	10	8.95
Tolono ...... Illinois	2	6	10	11.35
Urbano ..... Ohio	2	13	1	12.90
Vincennes ... Indiana	4	2	6	19.85
Watertown... Wisconsin	2	10	2	12.20
Wanfegan ... Illinois	2	1	1	9.95
Winona .. ... Minnefota	3	11	6	17.35
Whitewater .. Wisconsin	2	11	4	12.45
Woodftod ... „	2	3	9	10.60
Janesville ... Ohio	2	14	5	13.20

Montreal, 12. März 1866.

William Schadell,
Auditor.

Obige Ansätze sind acurat und gelten unweigerlich für Fahrten von Quebek nach den genannten Orten.

Emigranten bezahlen auf dieser Route keine Ueberfracht, sondern alle ihre Bagage ist frei von Quebek nach den benannten Orten.

Thomas C. Shipman,
Agent.
Grand Trunk Railroad.

Reductions-Tabelle des englischen Geldes.

England			Frankreich		Preußen			Staaten nach d. 24 fl. Fuß			Oesterreich, nach d. 20 fl. Fuß			Verein. Staaten	
£	s.	d.	Fr.	Ct.	Thlr.	Sgr.	Pf.	Fl.	Kr.	Pf.	Fl.	Kr.	Pf.	$	Ct.
–	–	1		10			10		3	–	–	2	2	–	2
		2		21		1	8		6	–	–	5	–		4
		3		31		2	6		9		–	7	3		6
		4		42		3	4		12	–	–	10	–	–	8
		5		52		4	2		15	–	–	12	2		10
		6		62	–	5			18	–	–	15	–	–	12
–		7		73	–	5	10		21			17	2		14
–		8		84		6	8		24	–	–	20	–		16
–		9		94		7	6		27			22	–		18
–		10	1	4		8	4		30		–	25	–	–	20
–		11	1	15		9	2		33			27	2		22
–	1		1	25		10			36		–	30	–	–	24
–	2		2	50		20		1	12		1	–			48
–	3		3	75	1	–		1	48		1	30			72
–	4		5	–	1	10		2	24		2	–	–		96
	5	–	6	25	1	20	–	3	–		2	30	–	1	20
	6		7	50	2	–		3	36		3	–	–	1	44
	7		8	75	2	10		4	12		3	30	–	1	68
	8	–	10	–	2	20		4	48		4	–	–	1	92
	9		11	25	3	–		5	24		4	30	–	2	16
	10		12	50	3	10		6	–		5	–	–	2	42
1	–		25	–	6	20		12	–		10	–	–	4	84
2			50	–	13	10		24			20	–	–	9	68
3			75		20			36			30	–	–	14	52
4			100	–	26	20		48			40	–	–	19	36
5			125	–	33	10		60	–		50	–	–	24	20
6			150		40			72			60	–	–	29	4
7			175	–	46	20		84	–	–	70	–	–	33	88
8			200	–	53	10		96	–	–	80	–	–	38	72
9			225		60	–	–	108	–		90	–	–	43	56
10			250		66	20		120			100	–	–	48	40

Bemerkung.

Ein amerikanischer $ = 1 Thaler 13 Sgr. preuß. = 3 ℳ 8,3 bis 3 ℳ 10,3 hamburgisch.
1 Gallon = 6 Flaschen.
1 Faß = 200 ℔, auch von 100 ℔.
1 Yard = 1½ Elle.
1 bushel Weizen = 60 ℔, Korn 56 ℔, Gerste 48 ℔, Hafer 32 ℔ und Erbsen 62 ℔.

Größen=Maaße. I. Längenmaaß.

12 Zoll = 1 Fuß.
3 Fuß = 1 yard.
5½ yard = 1 Ruthe oder pole.
40 poles = 1 furlong.
8 furlongs = 1 Meile = 1760 yards.

II. Quadrat=Maaße.

144 ☐Zoll = 1 ☐Fuß.
9 ☐Fuß = 1 ☐yard.
30¼ ☐yard = 1 ☐pole.

III. Land = Maaße.

40 ☐poles = 1 ☐rood (nicht rod).
4 ☐roods = 1 acre = 4810 ☐yard.
640 acres = 1 ☐Meile oder section.
Die Kette (genannt Gunters) hat 4 poles oder 22 yard Länge und ist in 100 Theile getheilt. (1 acre = 180 ☐Ruthen.)

Medicin.

Bei heftiger Seekrankheit wirkt Citronensaft wohlthätig. Landleute leiden auf der See durchgängig an Verstopfung. Der Passagier sollte stets eine Schachtel mit Abführungs-Pillen mit sich führen, und jeden zweiten Tag eine Dosis einnehmen. Viele würden dadurch von den heftigen Fiebern, wovon Auswanderer auf der See gewöhnlich befallen werden, verschont bleiben.

Auswanderer-Equipirung.

—

Ein sehr zu beachtender Punkt bei der Auswanderung in ein fremdes Land, mit anderem Klima als welches man verläßt, ist die in der Regel nicht zusagende Equipirung. Meine Mittheilungen hierüber in englischen Zeitungen haben bereits guten Erfolg gehabt. Den Deutschen möchte ich rathen, die Equipirung so klein als möglich einzurichten, indem die Kleidung in der Regel aus zu schweren Stoffen besteht und daher dem amerikanischen Klima nicht angemessen ist.

Wollene Kleidungsstücke für Männer sind immer gut für den Winter, doch können sie im Sommer nicht getragen werden. Nur dünne baumwollene und leinene Stoffe sind in der Hitze des Sommers zu tragen. Hohe Stiefeln sind für die Prairien stets zweckmäßig, oft selbst im Sommer. Pelzmützen sind in den nördlichen und westlichen Staaten während des Winters unentbehrlich, daher die Mitnahme zu empfehlen.

Viele Emigranten nehmen, in Folge der liberalen Jagdgesetze, ihre unzweckmäßigen Jagdgewehre mit. Diesen möchte ich rathen, ihr Gewehr in Amerika zu kaufen, indem sie es für dortige Jagd passender bekommen. Die Kosten für schweres Passagiergut nach den westlichen Staaten sind enorm, und werden die Emigranten die Beachtung dieser Andeutungen von großem Vortheil finden.

Werkzeuge und Geräthschaften.

Geräthschaften aller Art, für Zimmerleute, Schmiede, Maurer, Schuhmacher und Arbeiter, sind in New-York, Chicago, St. Louis, Des Moines und in den anderen Städten im Westen, eben so billig zu kaufen wie in Deutschland, und haben den Vortheil vor den letzteren, für die amerikanischen Verhältnisse geeigneter gearbeitet zu sein. - Anstatt das Geld für das Gepäck an die Eisenbahn zu zahlen, behalte der Auswanderer sein Geld in der Tasche und kaufe sich später seine Werkzeuge an Ort und Stelle.

Amerikanische Werkzeuge und Geräthschaften sind die besten in der ganzen Welt.

Jede Auskunft in Bezug auf das Land wird mit Vergnügen jeder Zeit ertheilt, da es mein Bestreben ist, auf jede Weise wo ich kann dem Auswanderer zu nützen.

Brief-Porto für Deutschland,
von allen Theilen der Ver. Staaten.

		½ Loth. Cents.	1 Loth. Cents.
Oesterreich	via Preußische Post	—	30
„	Wenn der Brief frankirt ist	—	28
„	via Bremen oder Hamburg	—	15
Baden	via Preußische Post	—	30
„	Wenn der Brief frankirt ist	—	28
„	via Bremen oder Hamburg	—	15
Bayern	via Preußische Post	—	30
„	Wenn der Brief frankirt ist	—	28
„	via Bremen oder Hamburg	—	15
Belgien	via Französische Post	21	42
„	via England	—	27
Bremen	Bremer Post	—	10
„	Hamburger Post	—	15
„	Französische Post	21	42
Dänemark	via Preußische Post	—	35
„	Wenn der Brief frankirt ist	—	33
„	via Bremer oder Hamburger Post	—	20
Holland	Französische Post	21	42
Hannover	Preußische Post	—	30
Frankfurt	Französische Post	21	42
Holstein und Schleswig	via Hamburger Post	—	25
„ „	via Preußische Post	—	35
„ „	Wenn der Brief frankirt ist	—	33
Mecklenburg	Preußische Post	—	30
„	Wenn der Brief frankirt ist	—	28
„	via Hamburger Post	—	15
Norwegen	via Preußische Post	—	46
„	Wenn der Brief frankirt ist	—	42
„	via Bremen oder Hamburg	—	38
Oldenburg	via Preußische Post	—	30
„	Wenn der Brief frankirt ist	—	28
„	via Bremen oder Hamburg	—	13
Preußen	via Preußische Post	—	30
„	Wenn der Brief frankirt ist	—	28
„	via Bremer oder Hamburger Post	—	15
Sachsen	via Preußische Post	—	30
„	Wenn der Brief frankirt ist	—	28
„	via Bremen oder Hamburg	—	15
Schweiz	via Preußische Post	—	35
„	Wenn der Brief frankirt ist	—	33
„	Französische Post	21	42
„	via Bremer Post	—	19
„	via Hamburger Post	—	19
Württemberg	via Preußische Post	—	30
„	Wenn der Brief frankirt ist	—	28
„	via Bremer oder Hamburger Post	—	15

Zolltarif der Vereinigten Staaten.

A.

Ale (eine gewisse Art Bier) in Flaschen .... die Gallone 35 Cents.
in Fässern .... „ „ 20 „
Anchovies (in Oel und in Salz) .... 50 pCt.
Apparel (Kleidungsstücke und anderes persönl. Gepäck in wirklichem Gebrauch) frei.
Arac 50 Grad und darunter .... die Gallone Doll. 2. 50.
51 Grad .... „ „ „ 2. 55
bis 70 Grad... „ „ „ 3. 50.
Jede Nummer über 50 Grad zahlt 5 Cents mehr auf die Gallone.
Arms (Feuer- und Handwaffen)........................... 35 pCt.
Articles, alle ganz oder theilweise aus Gold, Silber oder Platina gefertigte,
für welche kein anderer Zollsatz besteht............... 40 „
Articles in rohem Zustande, welche beim Gerben oder Färben gebraucht werden,
und für welche kein anderer Zollsatz besteht............. frei.
Articles, welche aus Kupfer angefertigt sind, oder bei welchen das Kupfer das
Material vom höchsten Werthe ist, nicht verbunden mit Gold, Silber,
deutschem Silber, Platina oder Stahl, insofern nicht anderwärts specificirt 35 „
Articles, welche von Männern, Frauen oder Kindern getragen werden, aus
welchem Material sie bestehen, ganz oder theilweise mit der Hand verarbeitet, insofern nicht anderwärts specificirt .... 35 „
Artificial (künstliche) Federn und Theile, Blumen oder Theile derselben .... 50 „

B.

Bacon (Speck)... pr. ℔ 2 Cents.
Barege v. Wollengarn oder Seide u. Wollengarn, insofern nicht sonst specificirt 50 pCt.
Baskets (Körbe) von Holz oder Weiden, Palmblättern, Stroh, Gras, Fischbein 35 „
Bayonets .... 45 „
Beads (Perlen) von Edelsteinen, Gold, Silber, und alle nicht sonst aufgezählten. 50 „
Bed feathers (Bettfedern) .... pr. ℔ 30 „
Beef (Ochsenfleisch) .... pr. ℔ 1 Cent.
Beer (Bier) in Flaschen.................................. pr. Gallone 35 Cents.
in Fässern .... „ „ 20 „
Bed spreads, (Bettdecken) gemacht aus Stückchen oder Knochen, gedruckten
Callico's und zusammengenäht .... 35 pCt.
Bonnets (Kappen) von Livorno, und von Gras, Stroh, Musselin .... 40 „
von Pelzleder .... 35 „
von Seide oder Atlas .... 60 „
Boots (Stiefel)... 35 „
Books (Bücher) und Instrumente, geschäftliche, von Personen, welche in den
Vereinigten Staaten ankommen .... frei.
Bottles (Flaschen) der Apotheker, welche mehr als 6 und nicht mehr als 16
Unzen fassen.. 35 „
Brandy (Branntwein) 50 Grad und darunter .... die Gallone Doll. 3.
51 Grad .... „ „ „ 3. 06.
bis 70 Grad... „ „ „ 4. 20.
Für jeden Grad über 50 gehen 6 Cents hinzu.

Brooms (Besen) aller Art .... 35 pCt.
Brushes (Bürsten) aller Art .... 40 „
Buckles (Schnallen) von Kupfer ꝛc. .... 35 „
   von Gold und Silber .... 40 „
Bullion (Silber und Gold in Barren .... frei.
Buttons (Knöpfe) alle, außer seidenen .... 30 „
Butter .... pr. ℔ 4 Cents.

C.

Cabinetts (Sammlungen) von Münzen, Medaillen, Gemmen und alle anderen
   Sammlungen von Alterthümern .... frei.
Candlesticks (Leuchter) feinste, von Alabaster .... 30 pCt.
   von Wein .... 35 „
   nach Verschiedenheit des Stoffes, von 25 bis 50 pCt.
Candles (Lichter) Adamantine .... pr. ℔ 5 Cents.
   Talg .... „ „ 2½ „
   Wachs, rein oder gemischt, sowie Spermaceti und Paraffine .... „ „ 8 „
   Stearin .... „ „ 5 „
   alle übrigen .... „ „ 2½ „
Cannon (Kanonen) von Messing, Eisen .... 35 pCt.
Carabines or carbines (Carabiner) .... 35 „
Cards (Spielkarten) über 25 Cents .... das Spiel 35 „
   Visitenkarten .... 35 „
Carpeting (Teppiche) im Werth von Doll. 1. 25 für die Quadrat-Yard oder
   darunter .... die Quadrat-Yard 70 Cents.
Carriages (Wagen) aller Art und Theile derselben .... 35 pCt.
Casks (Fässer) leere .... 35 „
Chains (Ketten) von Messing und von Kupfer .... 35 „
   von Gold oder Silber ohne Juwelen .... 40 „
   von Gold oder Silber mit Juwelen, und vergoldet mit Juwelen .. 25 „
   plattirt .... 35 „
   von Stahl .... 45 „
   verzinnt (auf Eisen) .... 35 „
Chairs (Stühle) zum Sitzen .... 35 „
Chalk (Kreide) für Billard .... 50 „
   rothe und französische .... 20 „
   Gips .... für die Tonne Doll. 10.
   alle übrigen Arten .... 25 „
Chamomile flowers (Camillenblüthe) .... 20 „
Cheese (Käse) .... pr. ℔ 4 Cents.
Chocolate .... „ „ 7 „
Cloaks (Mäntel) von Wolle oder Seide .... 35 pCt.
Clothing (Kleidungsstücke), fertig gemachte jeder Art, ganz oder theilweise von
   Wolle .... 24 Cents pr. ℔ und 40 „
Coaches (Kutschen) oder Theile davon .... 35 „
Cologne water (Kölnisches Wasser) und andere Wohlgerüche, in welchen
   Alkohol der Hauptbestandtheil ist .... 3 Doll. pr. Gall. u. 50 „
Colors, water (Wasserfarben) .... 35 „

Comforters, made of worsted (Binden) von Wolle und Garn .... 50 pCt.
Confectionery (Confect) im Werthe von 30 Cents oder geringer.... pr. ℔ 15 Cents.
Confectionery, insofern nicht anders bestimmt, von Zucker im Werthe von
   mehr als 30 Cts. pr. ℔ oder in Schachteln, Packen oder nicht in Pfunden 50 pCt.
Copper (Kupfer) Waaren.. 35 „
Cordage (Taue) getheerte................................... pr. ℔ 3 Cents.
   ungetheerte .... „ „ 3½ „
   Manilla ungetheerte.. „ „ 2½ „
   alle übrigen .... „ „ 3½ „
Cork (Waaren) ...., 50 pCt.
Corsets (Corsetten) .... 35 „
Cottons (Baumwollenwaaren) ungebleichte .... Quadrat-Yard 6 Cents.
   gebleichte ....: Yard 6½ „
   Hemden, gewobene oder auf Rahmen gemachte....................... 50 pCt.
   Unterbeinkleider, gewobene oder auf Rahmen gemachte.............. 35 „
Cottons, Faden... 40 „
   Sammet .... 35 „

D.

Daggers (Dolche) .... 35 pCt.
Daguerreotype plates (Platten) .... 35 „
Dice (Würfel) von Elfenbein oder Bein........................... 50 „
Dolls (Puppen) aller Art....................................... 35 „
Dominoes von Elfenbein oder Bein............................... 50 „

E.

Earthen ware (irdenes Geschirr) braunes oder gemeines................. 25 pCt.
   Steingut und alles andere, weiß, glacirt, gemalt 2c................ 40 „
Engravings (Bilder) Bücher, gebunden oder nicht.................... 25 „
Epaulets (Epauletten) plattirte, vergoldete, halbfeine............. 35 „
   gewirkte .... 50 „
   von Baumwolle, Gold und Silber.................................. 35 „
Essence of aspic oder d'aspic.................................... 50 „
   Bergamot.. pr. ℔ Doll. 1.
   juniper (Wachholder).. 25 „
   verschiedener Art meistens .... 50 „
Extract von Belladonna .... 40 „
   verschiedene andere theils 10, theils 40 pCt.

F.

Feathers (Federn) Straußen-, Geier-, Hahnen- oder andere z. Putze verarbeitete 50 pCt.
   zum Putze in rohem Zustande .... 25 „
   für Betten... 30 „
   Federbetten .... 20 „
Flax, Waaren oder worin Flachs ein Bestandtheil von hervorragendem Werthe
   ist, wenn die Quadrat-Yard nicht über 30 Cents Werth hat........ 35 „
   wenn mehr als 30 Cents Werth, und Faden- .... 40 „
Frames (Gestelle) oder Stöcke für Regen- oder Sonnenschirme, fertig oder nicht 35 „

Fringes (Franſen) von Baumwolle .... 35 pCt.
Wolle .... 24 Cents pr. ℔ und 40 „
Merino .... 50 „
Fruits (Früchte) eingemacht in Zucker oder Branntwein................ 35 „
in ihrem eigenen Saft.. .... 25 „
eingeſalzen .... 35 „
grüne, reife, oder getrocknete, ſonſt nicht beſtimmt .... 10 „
Furniture (Geräthe) für Kutſchen, Geſchirr u. Haushalt, ſonſt nicht beſtimmt 35 „
Furs (Pelze) nicht zubereitete, aller Arten.......................... 10 „
zubereitete .... 20 „
Hüte oder Kappen .. .. 35 „

G.

Gardenseeds (Gartenſämereien) .... 30 pCt.
German silver, deutſches Silber, verarbeitet.................... 40 „
Gin (Schnapps) 50 Grade oder darunter.. .... die Gallone Doll. 2. 50.
51 Grad .... „ „ „ 2. 55.
70 Grad .... „ „ „ 3. 50.
Jeder Grad über 50 zahlt 5 Cents.
Glas wares (Glaswaaren) von geſchnittenem Glas .... 40 pCt.
Flaſchen .... 35 „
mit zahlreichen Verſchiedenheiten, je nach der Beſchaffenheit des Glaſes.
Gloves (Handſchuhe) Angora, von wollenem Garn, Baumwolle, Leinen ... 35 „
lederne .... 50 „
Gold leaf (Goldblatt) das Packet von 500 Blättern .... Doll. 1. 50.

H.

Hair (Haar) zubereitet, zum Kopfputz .... 40 pCt.
verarbeitet, zum Kopfputz .... 35 „
Netze .... 40 „
Tuch .... 30 „
Preis für Matratzen .... 20 „
Hats (Hüte) v. Baſt, Stroh, Gras u. Baumwollenzeug, fertig, außer Futter u Band 40 „
von Wolle 24 Cents pr. ℔ und 35 pCt., von Pelz.......... 35 „
von Leder, Palmblättern, Rattan, ladirte und viele andere .... 40 „
ſeidene, für Männer .... 60 „
Hemp (Hanf) Waaren im Werthe über 30 Cents .... die []Yard 40 „
unbearbeiteter .... die Tonne Doll. 40
Manilla, indianiſcher und unbearbeiteter.......... „ „ „ 25
Waaren die ſonſt nicht beſtimmt ſind.......... „ „ „ 30
Hobby horses (Steckenpferde) .... 50 pCt.
Hops (Hopfen) .... pr. ℔ 5 Cents.

I.

Ice (Eis).................... frei.
Implement of trade (Handwerkszeug von Einwanderern) .... frei.
Ink (Tinte) und Tintepulver.................... 35 pCt.

Iron andirons cast (eiserne Feuerböcke), gegossene .... pr. ℔ 1½ Cts.
Amboße .. .. „ „ 2½ „
Auker, oder Theile davon ... ... „ „ 2¼ „
Axen . . . . „ „ 2½ „
  u. s. w. mit mannigfaltigen Verschiedenheiten.

K.

Kettles von Meßing, ineinander gelegte .... 35 pCt.
  von gegossenem Eisen..... .... pr. ℔ 1½ Cent.
  von Kupfer . . . . 35 pCt.
Keys (Schlüssel) für Uhren, von Gold und von Silber'.. .... 25 „
  alle anderen von Eisen, Meßing oder Kupfer.................... 35 „
  alle anderen von Gold oder Silber........................ ... 40 „

L.

Lace (Spitzen) vieler Arten .... 35 pCt.
  von Wollengarn... 50 „
  von Seide .... 60 „
Lead (Blei) Waaren, wenn nicht anders bestimmt .... 35 „
Leather (Leder) Waaren, meistens.................. .... 35 „
  Handschuhe ... ... 50 „
  Hüte ... . 40 „
  Oberleder (gegerbtes Kalb-)...... . ... 30 „
  insofern nicht sonst bestimmt... ... . 25 „
Leeches (Blutegel)...... .... frei.
Linen (Leinen) Waaren, wenn nicht anders bestimmt.................. 40 „
Liqueurs. .... die Gallone Toll. 2. 50.

M.

Machinery Modelle von, und andere Erfindungen.................... frei.
Machinery für die Bearbeitung von Flachs und Leinenwaaren .... „
  für Dampf, Landwirthschaft und Werkzeuge.... . . „
Manufactured tobacco (bearbeiteter Tabad), der nicht sonst bestimmt ist, à ℔ 50 Cents.
Manufactures (Waaren) von Artikeln, Gefäßen, Geschirren, die nicht anders
  bestimmt sind, von Meßing, Kupfer, Eisen, Blei, Zinn .... 35 pCt.
  verschiedener Art, mit 10 bis 50 pCt.
Manuscripts (Manuscripte) . ... frei.
Medicinal preparations (medizinische Präparate oder Patent-Medizinen). 50 pCt.
Musical instruments (musikalische Instrumente) .... 30 „
Muskets (Musketen). . . . . 35 „
Muslin Taschentücher, Chemisetten, Kragen u. s. w. .... 35 „

N.

Nails (Nägel)...... ... 35 pCt.
Needles (Nähnadeln) ... . 25 „

O.

Oil cloth (Oeltuch) .... 40 pCt.
Oils (Oele) von Aepfeln, Birnen, Pfirsichen, Aprikosen, Erd- und Himbeeren,
                                          pr. ℔ Doll. 2. 50.
   verschiedene andere Oele zu verschiedenen Ansätzen.
Oysters (Austern) .... frei.

P.

Penknives (Federmesser) und Taschenmesser .... 50 pCt.
Petticoats (Unterröcke) fertig gemacht, wenn nicht von Wolle oder Seide .. 35 „
Ploughs (Pflüge) von Eisen .... 35 „
   -Hobel .... 45 „
Porcelain (Porzellan) .... 50 „
   -Glas .... 40 „
   -Schiefer .... 45 „
Poultry orgame (Geflügel oder Wild) zubereitetes.............. 35 „
Powder (Puder), Balsame, Tincturen, Essenzen, Wohlgerüche ꝛc. .... 50 „

R.

Rags, Lumpen von Baumwolle oder Leinen, um Papier zu machen .... frei.
   wollene .... 10 pCt.
Ribbons (Bänder) von Seide .... 60 „
   von Baumwolle .... 35 „
   Bordeloup-Seide und Baumwolle ... . 50 „
Rose leaves (Rosenblätter) .... 50 „
Rouge (Schminke) .... 50 „

S.

Saddlerie (Sattlerwaaren) .... 35 pCt.
Saladoil (Salat-Oel) . ... pr. Gallone Doll. 1.
Scales (Waagen) von Elfenbein mit stählernen Fugen .... 45 „
   ganz von Elfenbein .... 35 „
Scissors (Scheeren) . ... 35 „
Screws (Schrauben) von Messing .... 35 „
Scithes (Sensen) .... 45 „
Sealing wax (Siegellad) .. .. 35 „
Segars im Werthe von Doll. 15 oder weniger pr. Mille 75 Cents, pr. ℔... 20 „
Shawls von Baumwolle .... 35 „
   Cashmire, Seide. .... 60 „
   Kameelhaar, Spitzen und genähte.......................... 35 „
   von Wollenwaaren im Werth unter 2 Doll. pr. []-Yard, schwerer als 8
   Unzen pr. []-Yard .... 24 Cents pr. ℔ und 40 „
   über 2 Doll. und über 8 Unzen schwer .. .. „ „ „ „ 45 „
   von Wollengarn unter 8 Unzen............................. 35 „
   von Seide .... 60 „
Silk (Seide) Schürzen, Hauben ꝛc. .... 60 „
   Knöpfe und Knopfzeug.................................... 40 „
   feine und rohe .... frei.

Silk und Wollengarn .... 50 pCt.
Spoons (Löffel) von Gold und Silber . ... 40 „
    Horn und alle anderen ... ... 35 „
Steel manufactures (Stahlwaaren) .... 45 „
Stockings (Strümpfe und Socken) von Wollengarn .... 35 „
    von Seide..... .... 60 „

T.

Tables (Tafeln) von Holz .... 35 pCt.
Tapes (Baumwollenband)........................... 35 „
Thimbles (Fingerhüte) .... 35 „
Tobacco (Tabak) verarbeiteter, sonst nicht bestimmt............. pr. ℔ 50 Cents.
    Blätter, nicht verarbeitete und nicht abgestreifte................ „ „ 35 „
    abgestreifte .... „ „ 50 „
    Stengel .... „ „ 15 „
Toys (Spielwaaren) aller Art...... .... 50 pCt.

V.

Velvet (Sammet) von Baumwolle .... 35 pCt.
    Seide .... 50 „
Vinegar (Essig) .... die Gallone 10 Cents.

W.

Watches (Taschenuhren) von Gold und Silber .... 25 pCt.
    Theile von solchen . ..... 20 „
Water (Geist) ungarischer, Lavendel, Orangeblüthe, Rosen .... 50 „
    Wasserfarben..................... 35 „
Wines (Weine) aller Länder in Flaschen und Fässern im Werthe von nicht
    mehr als 50 Cents die Gallone .... pr. Gallone 20 Cents und 50 „
    im Werthe von mehr als 50 Cents, aber nicht über 1 Doll. die Gallone
        50 Cents pr. Gallone und 25 · „
Wool (Wolle) Waaren, wenn sonst nichts bestimmt, ... 25 Cents pr. ℔ und 40 „
Worsted (Wollengarn) Waaren, wenn sonst nichts bestimmt ist.......... 50 „

Y.

Yarn (Garn) wollenes, im Werth von mehr als 1 Doll. pr. ℔ 25 Cts. pr. ℔ und 30 pCt.
    im Werth unter 50 Cts. pr. ℔ und nicht über Nr. 14 in Feinheit 16 Cts.
        pr. ℔ und 25 „
Hierzu kommen noch verschiedene andere Abtheilungen.

Zollfrei

sind alle im vorstehenden Tarif aufgeführten Gegenstände, sobald der Einwanderer solche in kleiner Quantität zum e i g e n e n Gebrauch einführt.

    Eine vom Consul der Vereinigten Staaten beglaubigte Erklärung, daß die Artikel nicht zum Verkauf, sondern zum eigenen Gebrauch dienen sollen, würde beim Landen die Zollrevision erleichtern, und wird diese Vorsicht dem Auswanderer empfohlen.

Vorschriften zur Gewinnung des Bürgerrechts in den Verein. Staaten Nordamerika's.

Um die Rechte eines Bürgers in den Verein. Staaten zu erwerben, ist erforderlich:
1) Ein fünfjähriger Aufenthalt in diesen Staaten.
2) Eine wenigstens 2 Jahre vor der Zulassung zum Bürgerwerden abzugebende schriftliche, eidlich bekräftigte Erklärung über diese seine Absicht.
3) Beweisführung durch den Eid zweier Bürger der Vereinigten Staaten, daß Bewerber 5 Jahre in den Staaten, sowie 1 Jahr innerhalb des Staates, in welchem der Hof gehalten wird, gewohnt hat; worauf
4) Bewerber zu schwören hat, daß er die Constitution der Vereinigten Staaten unterstützen will, und daß er das Huldigungsverhältniß, unter dem er geboren, aufgiebt.

Solcher Einwanderer, welcher also die Heimathsrechte in den Verein. Staaten erwerben will, säume nicht, die sub 2 bezeichnete Erklärung abzugeben, entweder vor
a) irgend einem Gerichte eines Staates (State Court), welches protocollarisch zu Werke geht (Court of Record), Siegel und Clerk (Gerichtsschreiber und Jurisdiction Gemeinden-Rechtes hat; oder
b) vor einer District-Court der Vereinigten Staaten; oder
c) vor einer Circuit-Court der Vereinigten Staaten; oder
d) vor einem Gerichtsschreiber (Clerk) eines dieser Höfe.

Zu solcher Erklärung ist die Hinzuziehung eines Rechtsanwalts unnöthig, da der Gerichtsschreiber alles Erforderliche allein besorgen kann.

Stirbt ein solcher Fremder, welcher seine Erklärung (sub 2) abgegeben hat, vor seiner Zulassung, so sind dessen Wittwe und Kinder Bürger.

————————

Verzeichniß der fremden Consuln in den Vereinigten Staaten.

GC. bedeutet General-Consul, C. Consul, VC. Vice-Consul, VCA. Vice-Consular-Agent. CA. Consular-Agent.

England.

Edward M. Archibald, C., New-York.
Chas C. K. Kortright, C., Philadelphia.
Francis Lousada, C., Boston.
Frederic Bemal, C., Baltimore.
William Lane Booter, C., San Francisco.
Henry J. Murrh, C., Portland, Maine.
John C. Willins, C., Chicago.
Denis Donohoe, C., New-Orleans.
Henry W. Hemans, C., Buffalo, N.-Y.
William T. Smith, C., Savannah, Ga.
Henry Pinckney Walter, C., Charleston, S.C.

Rußland.

Baron C. v. d. Osten-Sacken, GC., New-York.
Robert Schulze, VC., New-York.

Henry Préant, VC., Philadelphia, Pa.
Robert P. Storer, VC., Boston, Mass.
Augustus Kohler, VC., Baltimore.
Martin Klinkofostroem, VC., San Francisco.
Johann J. Schröder, VC., New-Orleans.

Frankreich!

Gauldrée Boilleau, GC., New-York.
Chas F. de Cazotte, C., San Francisco.
Ernest Napoleon M. Godeaux, C., New-Orleans, La.
Durant de St. André, C., Charleston, S.C.
H. Prévost de St. Chr, VCA., Galveston, Texas.
Jules Phillipe, VCA., Mobile, Ala.
Armand Peugnet, VC., Cincinnati, Ohio.
Amédée Saurau, VC., Baltimore, Ohio.

Niederlande.

R. Burlage, (Esq., GC., New-York.
v. de Fremery, C., San Francisco, Cal.
G. H. Garlichs, C., Cincinnati, Ohio.
B. P. Haagsma, C., St. Louis, Mo.
Christian Börs, C., Boston, Mass.
Alfred Schuching, C., Washington, D. C.
Oliver O. Hara, BC., Key West, Fla.
Amedée Couturie, C., New-Orleans.
Jan Jacob van Wausoy, C., Mobile, Ala.

Spanien.

Don Luis Guerra de la Vega, C., New-York.
Luis L. de Arce, BC., New-York.
Robert H. Betts, BC., St. Louis.
José Antonio Pizarro, BC., Baltimore.
Don C. R. de la Chica, C., Philadelphia.
Juan Callejón, C., New-Orleans.
Don Juan de A. Sanmartin, BC., New-Orleans.
Enrique de Ainz, C., Portland.
Camilo Martin, BC., San Francisco.
Vincent Cubells, C., Kay West.
Antonio Maria de Cea, C., Mobile.
Duncan Robertson, BC., Norfolk, Va.
Luis Casaval, BC., Savannah.
Frederico Granados, BC., Boston.
Robert O. Treadwell, BC., Portsmouth.
Don Aureliano Vinyal, BC., Charleston.
Benjamin Theron, BC., Galveston.

Schweden und Norwegen.

Peter F. Hakinson, BC., Chicago.
E. S. Sayres, BC., Philadelphia.
John E Schuetze, BC., St. Louis.
Barth. Schlesinger, BC., Boston.
E. Edward Habicht, C., New-York.
Theodore Borup, BC., St. Paul.
Fred. P. Graf, BC., Baltimore.
Carl Otto Nilsen, BC., La Crosse, Wis.
George C. Johnsen, C., San Francisco.
James Dempsey, BC., Alexandria, Va.
Carl Otto Witte, BC., Charleston.
S. M. Swenson, BC., New-Orleans.

C. M. Holst, BC., Savanna, Ga.
R. Westfeldt, BC., Mobile.
K. J. Fleischer, BC., Madison, Wis.
Christian Börs, BC., New-York.
G. H. Garlichs, BC., Cincinnati.

Dänemark.

E. S. Sayres, BC., Philadelphia.
John E. Schuetze, BC., St. Louis.
J. C. Kondrup, BC., Washington.
E. C. Hammer, BC., Boston.
C. F. J. Möller, BC., Milwaukee.
John E. Brown, BC., Bath, Me.
Henry Braöm, BC., New-York.
Harold Dollner, C., New-York.
Niles P. Patersen, BC., Chicago.
H. Frellsen, C., New-Orleans.
Theodore Borup, BC., St. Paul.
F. B. Graf, BC., Baltimore.
G. D'Harra Taaffe, C., San Francisco.
James Tempsey, BC., Alexandria, Va.
Christen M. Holst, BC., Savannah, Ga.
Geo. H. Garlichs, BC., Cincinnati.
Robert B. Searing, BC., Mobile.
W. H. Ladsen, BC., Charleston.

Portugal

Robert Lehr, BC., Baltimore.
José M. Bernes, BC., Springfield, Ill.
Edward S. Sayres, BC., Philadelphia.
Nathaniel Burrus, BC., Norfolk, Va.
Thomas J. Stewart, BC., Bangor, Me.
Georg Hussey jun., BC., New-Bedford, Mass.
A. M. da C. E. Maior, GC., f. d. B. St.
Archibald Foster, BC., Boston.
Antonio José da Silva, BC., New-Orleans.
Ludwig Edwin Amsinck, BC., New-York.
Carlos le Baron, BC., Mobile.
Joaquim de Palma, BC., Savannah.
William H. Allen, BC., St. Augustine.
E. S. Sayres, BC., Philadelphia.
Jule Pescau, BC., Pensacola.
John Searle, BC., San Francisco.
C. Le Baron, BC., Mobile.

Belgien.

H. W. T. Mali, GC., New-York.
G. C. Gorter, C., Baltimore.
Ch. T. van der Espt, VC., Louisville, Ky.
H. V. H. Voorhees, C., Mobile.
Jules May, C., San Francisco.
John V. A. Massé, C., Green Bay, Wis.
J. F. Henrotin, C., Chicago
Morris Seligman, Charleston, S. C.
G. E. Saurmann, C., Philadelphia.
Laurent de Give, C., Atlanta.
D. H. Kleaner, C., Galveston.
August Noblom, C., New-Orleans.
Gustave E. Matile. VC., Philadelphia.
Duncan Robertson, C., Norfolk.
James F. Meline, C., Cincinnati.
J. G. Bates, C., Boston.
Emil Otto Nolting, C., Richmond.
P. Hurd, C., St. Louis.
William O'Driscoll, C., Savannah.
William G. Porter, VC., Apalachicola.
Thos. A. Deblois, C., Portland.

Preußen.

J. W. Schmidt, GC., New-York.
H. Claussenins, C., Chicago.
C. Schottler, C., Philadelphia.
Adolph Rosenthal, C., Milwaukee.
George Hussey, VC., New-Bedford, Mass.
Werner Tresel, C., Baltimore.
J. H. Goßler jun., C., Boston.
J. von Borries, C., Louisville.
Carl F. Adae, C., Cincinnati.
Edward von der Heydt, C., New-York.
H. Hanßmann, C., San Francisco.
Robert Barth, C., St. Louis.
F. R. Hutwalcker, C., Savannah.
Jean Kruttschnitt, C., New-Orleans.
W. H. Trappmann C., Charleston
J. W. Jockuset, C., Galveston.

Oesterreich.

Chas. F. Loosey, GC., New-York.
J. H. Goßler, VC., Boston.
J. T. Kremelberg, VC, Baltimore.

Edward T. Hardy, VC., Norfolk, Va.
S. M. Waln, VC., Philadelphia.
Jean Henry Eimer, Prov. C., New-Orleans.
Edward W. de Voß, VC., Richmond.
Robert Barth, VC., St. Louis.
Julius Kauffmann, VC., Galveston.
J. M. Wright, VC., Apalachicola.
Andrew Low, C., Savannah.
J. E. Dumont, Prov. VC., N. Cobile.
H. W. Kuhtmann, Prov. CA., Charleston.

Italien.

Ferdinand de Luca, GC., New-Orleans.
Fabio Sanminiatelli, VC., New-Orleans.
Alonzo Viti, VC., Philadelphia.
Giovanni Luigi Avezzano, VC., New-York.
Giovanni Battista Cerruti, C., S. Francisco.
Nicholas Reggio, VC., Boston.
C. A. Williamson, VC., Baltimore.
Nicola Nicholas, VC., Louisville.
G. Agostim Signaigo, VC., Memphis.
Daniel von Groning, VC., Richmond.
Giorgio Vite, VC., Mobile.
Eusebio José Gomez, VC., Key West.
Joseph Lanato, C., Key West.
J. F. Meline, VC., Cincinnati.
L. A. Jean Baptist Paris, VC., St. Louis.
Carlo F. Jenné, VC., Galveston.
D. Giuseppe Anfora, GC., Galveston.
Leone Schisana, VC., Norfolk.
William A. Darling, VC., San Francisco.
G. E. Michels, VC., Savannah.
William Pintney, VC., Key West.
John H. Holmes, VC., Charleston.

Schweiz

John Hiß, GC., Washington.
P. Jacques Wildberger, VC., Philadelphia
L. P. de Luzé, C., New-York.
R. Korrabi, C., Philadelphia.
Jules Laue, C., St. Louis.
Paul Guye, VC., St. Louis.
A. Piaget, C., New-Orleans.
J. R. A. Benziger, C., Cincinnati.
Henry Enderis, C., Chicago.
Henry Meyer, C., Charleston.

Henry Henlach, C., San Francisco.
Alexis de South, BC., San Francisco.
Louis Boelin, BC., Chicago
Constant Killiet, C., Highland, Ill.
Adrien Iselin, BC., New-York.
Jean Zulauf, C., Louisville.

Griechenland.

Constantin P. Ralli, BC., St. Louis.
D. N. Botassis, C., New-York.
Nicholas Benachi, C., New-Orleans.
John M. Rodocanachi, C., Boston.

Türkei.

Joseph Jasigi, C., Boston.
George A. Porter, C., Washington.
J. Hosford Smith, C., New-York.

Mexico.

Juan N. Navarro, GC., New-York.
José A. Godoy, C., San Francisco, Cal.
— — — — — Philadelphia, Penn.
Ricardo Ramires, BC., Franklin, Texas.
Carlos L. le Baron, BC., Mobile, Ala.

Virginia.

Der Staat Virginia ist unzweifelhaft einer der gesundesten und in Bezug auf Agricultur und Mineralien reichsten der Welt. Mit dem neuen System der freien weißen Arbeiter, an Stelle der Negersclaven, wird er sich in einigen Jahren zur größten Wohlhabenheit eines Staates der Amerikanischen Union emporschwingen, und kann ich daher, indem ich diese erfreuliche Aussicht hervorhebe, den Staat Virginia den deutschen Auswanderern als Zielpunkt ihrer Niederlassung bestens empfehlen. Zur ferneren Begründung meiner oben ausgesprochenen Empfehlung erlaube ich mir einige Bemerkungen und Urtheile aus dem Hand- und Reisebuch für Auswanderer des deutschen Schriftstellers Hrn. Gustav Struve, herausgegeben im Jahre 1866, zu wiederholen:

„Virginia, das erste von den Britten in Nord-Amerika betretene Land, und schon im Jahre 1584 von Walter Raleigh besucht, breitet sich zwischen 36° 30′ und 40° 43′ nördl. Breite und zwischen 1° 40′ östl. und 6° 20′ westl. Länge aus; wird im Norden von Ohio, Pennsylvanien und Maryland, im Osten von Maryland und dem atlantischen Ocean, im Süden von Nord-Carolina und Tennessee, und im Westen von Kentucky und Ohio begrenzt; hat von Norden nach Süden eine Ausdehnung von 220, und von Osten nach Westen von 370 Meilen, und umfaßt einen Flächenraum von 67,300□Meilen oder 43,072,000 Acres. — Die Gestaltung des Landes ist äußerst mannigfaltig: in der Mitte ist es bergig, mit vielen reichen Thälern, und im Westen hügelig. Die Thäler in den Urgebirgen sind schmal und fruchtbar; im Oberlande, nach den South-Mountains hin, ist der Boden dünn und leicht: wo aber die secundairen Formationen, ist er sehr gut. In den Ganggebirgen giebt es schöne, reiche Thäler; der übrige Theil derselben ist felsig und zerrissen. Sie erstrecken sich bis an die Schwefelquellen auf dem Rücken der Alleghany's, wo sie mit den großen Flötzgebirgslagern im Westen zusammentreffen, deren Boden bis an den Ohio hin mit dem von Pennsylvanien Aehnlichkeit hat und größtentheils bis jetzt zu Wiesen benutzt wird. — Die das Land von Nordost nach Südwest durchschneidenden Höhenzüge sind unter den Namen der South-Mountains, Blue Ridge, North-Mountains, Alleghany's, Ridge und Laural-Hills bekannt. — Virginia bietet verschiedene Naturmerkwürdigkeiten an Höhlen, unter denen „die blasende Höhle" die meiste Aufmerksamkeit verdient; an heißen Quellen, Wasserstoffgas haltenden Mooren, und an der natürlichen Felsenbrücke im Canton Rockbridge. — Das Gestade längs dem atlantischen Ocean und der Chesapeake-Bay ist äußerst zerrissen durch breite Flußmündungen, die sich in denselben öffnen. Die Chesapeake-Bay bricht durch den nordöstlichen Theil des Staates, zwischen den sandigen Vorgebirgen Charles und Henry, wo sie 12 Meilen breit ist. An natürlichen Buchten ist Virginia nicht besonders reich; Currituc-Bay die im Süd-Osten auf der Grenze von Nord-Carolina sich öffnet ist nur unbedeutend und nicht über 8 Fuß tief; Hampton Road ist eine Bucht, welche von James gebildet wird, und, da sie die größten Kriegsschiffe in sich aufzunehmen vermag, die bedeutendste des Staats. Den Mangel natürliche Häfen und Buchten ersetzen die ansehnlichen Flüsse, welche den Staat durchströmen, und deren breite Mündungen; die wichtigste derselben sind: der Potomat, die Schenandoah, der Rappahannock, Mattapony, Panuncky, York, James, Rivanna, Appomatox, Elisabeth, Nottoway, Meherrin, Staunton, Ohio, Sandy, Great- und Little-Banhawa, die Monongahela und der Cheat. Der Landbau hat in Virginien keine besondere Fortschritte gemacht, obwohl der Staat einer der ersten war, in welchen europäische Cultur eingeführt wurde: das größte Hinderniß lag wohl in dem, früher allgemein verbreitete Plantagensystem und der Sclavenwirthschaft, welche beide indeß jetzt ganz aufgehoben sind, und einer rationelleren Landwirthschaft Platz machen. Der wichtigste Zweig des in Ost-Virginien betriebenen Landbaus ist der Tabacksbau, der bereits 1621 eingeführt wurde und bis vor 10--12 Jahren den Reichthum des Landes ausmachte. Der gewöhnliche Ertrag eines Acres, der mit 5--6000 Pflanzen bestellt ist, beträgt circa 1000 ℔ Taback, an Werth von 100—250 Doll., je nachdem der Preis steht; und nach einem zehnjährigen Durchschnitt führt der Staat 80 bis 90,000 Oxhofte, jedes zu 1000 ℔, aus. — Auf den Tabacksbau folgt der Maisbau, der über ganz Ost-Virginien verbreitet ist, und auf dem Acre 20—25 Bushels Ertrag gewährt. In West-Virginien ist Waizen die Hauptfrucht. Roggen, Gerste, Hafer, Buchwaizen und Erbsen werden daselbst in Menge gebaut; Reis in den Umgebungen des Dismal-Swangs, wo er vorzüglich gedeiht. Hanf geräth vortrefflich, besonders in den Flußniederungen und zwischen den Gebirgen; Baumwolle in den Umgebungen des Roanocke; Sesam oder Benne und Palma Christi werden häufig gebaut und Oel daraus geschlagen. Kartoffeln gedeihen gut und liefern von 100---200 Bushel vom Acre; Kürbisse verschiedener Art, Zucker- und Wassermelonen, Artischocken, Arbusen, Spargel, Zwiebeln, Rüben und Kohl werden auf allen Pflanzungen gewonnen; Obst gedeiht vortrefflich; Aepfel, Pfirsiche sind am gemeinsten, außerdem findet man auch Birnen, Kirschen, Pflaumen, Nektarinen, Aprikosen, Mandeln, Granatäpfel ꝛc. Verschiedene Nußarten und eßbare Eicheln, süße Kastanien und Maulbeeren findet man in allen Waldungen. Der Pferdezucht wird vorzügliche Aufmerksamkeit gewidmet. Die Rinderzucht im Osten wird äußerst nachlässig, im Westen aber desto sorgfältiger betrieben, und eine Menge Mastvieh von dort nach dem Osten gebracht; die Schaafzucht kommt in neuerer Zeit sehr in Aufnahme, Wolle reichlich und gut; Schweine werden in erstaunlicher Menge gezogen, da ihre Ernährung fast nichts kostet, und sie in den Wäldern und Obstgärten die beste Mast finden. Von Geflügel werden vorzüglich Trut- und Perlhühner gezogen; die Bienenzucht aber bloß als Waldzucht betrieben. Kein anderes Land eignet sich klimatisch besser zur Seidenzucht als Virginien; — über zwei Drittel des Landes ist noch mit Waldung bedeckt; in den Niederungen des Ostens findet man vorzüglich die weiße Fichte, Cypressen, immergrüne Eichen und den virginischen Wachholderbaum, der in den Ebenen eine Höhe von 40—45 Fuß erreicht. In den Bergen und den westlichen Theilen des Staats findet man Magnolien, Balsamtannen, Eschen, Ahornbäume, Nußbäume, zwölf Eichengattungen, Birken, Linden, Buchen ꝛc. Von Mine-

ralien findet man Gold am und im James, Rappahanal und Appomatox; Blei zu Austin-
ville. Kupfer am James; Eisen, Marmor, Kalkstein und Flußspath fast in allen Theilen
des Landes, und 10 Meilen westlich von Richmond ein reiches Kohlenlager, welches 20 bis
25 Meilen lang und 10 Meilen breit und von Urgebirgen eingeschlossen ist. — Die
Manufacturen des Staats sind bis jetzt unbedeutend, und dienen meistens zum Haus-
bedarf. An bedeutenderen Fabrik- und Manufactur-Anlagen bestehen: 41 Wollenmanu-
facturen, 47 Walkmühlen, 22 Baumwollenmanufacturen, mit 42,262 Spindeln, 42 Hoch-
öfen, 52 Eisenhammerwerke, 11 Schmelzhütten für Gold, 5 Schmelzhütten für Blei,
12 Papierfabriken, eine Menge Tabacksmanufacturen, 660 Gerbereien, 4 Glashütten,
33 Potterien, 1441 Brantweinbrennereien, 5 Bierbrauereien, 764 Mahlmühlen und 50 Buch-
druckereien. Der Handel mit Naturproducten ist ansehnlich, und die Hauptausfuhrartikel
sind Tabac und Mehl, Mais, Holz, Theer, Terpentin, gesalzenes Schweinefleisch, Mastvieh
und Steinkohlen; im Jahre 1849 betrug die Ausfuhr 3,373,738 Dollars, die Einfuhr
241,035 Doll. — Der Hauptstamm der Einwohner, deren Virginia im Jahre 1850:
1,428,863, 1860: 1,596,083 zählte, worunter 473,626 Sclaven, welche jetzt frei sind,
besteht aus den Nachkommen der englischen Ansiedler, zu welchen nach und nach viele
Schotten, Irländer und Teutsche eingewandert sind. Die beiden letzteren bilden wenigstens ein
Trittel der ganzen weißen Bevölkerung. Die Glaubensparteien, welche die meisten Anhänger
haben, sind im Osten die Episkopalen mit 65, und die Baptisten mit 437 Kirchen; im
Westen die Presbyterianer mit 120 und die Methodisten mit 170 Geistlichen; die Teutschen
in den Gebirgen sind Lutheraner und Reformirte. - Kirchen findet man nicht in allen
Tistricten, doch durchziehen wandernde Prediger aller Secten das Land. An höheren
Unterrichtsanstalten bestehen bereits: William und Mary-College zu Williamsburg, Hanpden
Sidney-College, im Kanton Prince Edward, Washington-College zu Lexington, Randolph
Marcon-College zu Boydton, die Universität zu Charlottesville, St. Vincens-College und
Richmond-College zu Richmond und theologische Schulen zu Richmond und im Kanton
Fairfax; Academien zählt man 382 im Staate, und Elementarschulen 1956 mit 39,878
Schülern. - An öffentlichen Anlagen sind vollendet und der Benutzung übergeben: Der
Dismal-Swanp-Canal, welcher die Chesapeake Bay mit dem Albermale-Sund verbindet
und sich von Teep-Creek 23 Meilen weit bis zum Joyces-Creek erstreckt; der Alexandria-
Canal, der James-River- und Kanawha-Canal, der sich von Richmond 175 Meilen weit
bis Puchanan zieht. Eisenbahnen durchziehen den Staat in allen Richtungen: von
Washington bis nach Nord-Carolina mit verschiedenen Zweigbahnen, von Washington über
Lynchburg nach Tenessee, von Washington über Stanton nach dem Westen, von Cumbers-
land nach Parkersburg 2c. Diese Verbindungen haben allerdings durch den Krieg gelitten.
Sie werden aber bald vollkommen wiederhergestellt sein.

Nach der Verfassung von 1851 ruht die gesetzgebende Gewalt in einem Senate und
einem Hause der Repräsentanten „die General-Versammlung von Virginia" genannt. Der
Senat besteht aus 50 Mitgliedern, die vom Volke districtweise auf 4 Jahre gewählt werden,
das Haus der Repräsentanten aus 150, alle 2 Jahre vom Volke der Kantons, Cities und
Towns gewählt. Sie treten ein Mal in je 2 Jahren zusammen, wenn sie nicht der
Gouverneur außerdem einberufen wird, und ihre Sitzungen sollen nicht 90 Tage dauern,
wenn anders nicht drei fünftel der gewählten Mitglieder des Senats und der Repräsentanten in einer Verlängerung übereinkommen, die aber nicht über 30 Tage ausgedehnt
werden darf. Die vollziehende Gewalt ruht in einem Gouverneur, der vom Volke auf
4 Jahre gewählt wird, und einen jährlichen Gehalt von 5000 Doll. bezieht. Er muß außer
andern Eigenschaften ein geborner Bürger der Vereinigten Staaten sein. Zur selben und
für dieselbe Zeit wird ein Lieutenant-Gouverneur gewählt, der Senats-Präsident ist und

tein Veto hat. — Stimmfähig ist jeder weiße, männliche Bürger des Staats, der 21 Jahre und darüber alt ist und unmittelbar vor der Wahl im Staate 2 Jahre und in den Kanton, City oder Town, wo er stimmen will, ein Jahr gewohnt hat. Gestimmt wird mündlich, Stuanne ballotiren.

Der Staat Virginia zerfällt in vier Districte und 120 Kantons von denen Ost-Virginien 67 und West-Virginien 53 enthält. — Nach großen Städten, wie in den nördlicher gelegenen Staaten, sieht man sich in Virginien vergebens um; Richmond und Petersburgh sind in den letzten Jahrzehnten emporgekommen und haben größtentheils backsteinerne Häuser. Die Wohnungen der vornehmen Pflanzer sind größtentheils von Bruchsteinen oder Ziegeln, weitläufig und großartig gebaut; die kleineren Pflanzer wohnen dagegen in Blockhäusern. Die wichtigsten Städte des Landes sind; Richmond, Hauptstadt des Staats, unter 37° 31' nördl. Breite; am James, unterhalb dessen Stromschnellen, mit Schodon Hill und der Vorstadt Rocketts, mit 1 Capitol, 1 Rathhaus, 23 Kirchen, 1 Synagoge, 2 Markthäusern, 3 Banken, 1 Staatsarsenal, 2 Gefängnissen, 37,000 Einwohnern, die sich vom Handel, Gewerben (Tabacks-, Eisen-, Papier- und Baumwollenfabrikation, Mehl- und Sägemühlen) und der Landwirthschaft nähren. Dampfboote gehen täglich von hier nach den Hampton Roads, Norfolk rc.; Eisenbahnen täglich nach Washington, Wilmington in Nord-Carolina, Charlottesville, nach Raleigh rc.; Petersburgh, am Apponateg, unter 37° 15' nördlicher Breite, der vorzüglichste Stapelplatz des Tabacks, und aus den drei Ortschaften Petersburgh, Blandford und Pockahontas, bestehend aus 1 Rathhaus, 2 Banken, mehreren Tabacksniederlagen, vielen Mühlen in der Nachbarschaft und 14,000 Einwohnern. — Norfolk, am rechten Ufer des Elizabeth, 8 Meilen oberhalb dessen Mündung in den Hampton Roads und 160 Meilen von Richmond, früher eng und unregelmäßig, nach dem Brande aber schön wieder aufgebaut, mit 1 Zollhaus, 1 Rathhaus, 1 Marktplatz, 1 Theater, 4 Banken, 8 Kirchen, 1200 Häusern und 17,000 Einwohnern. — Portsmouth, Norfolk gegenüber, am linken Ufer des Flusses, mit 1 Rathhaus, 6 Kirchen, 1 Bank und 9487 Einwohnern; in der Vorstadt Gosport ist ein Schiffsbauhof der Union, ein Marine-Hospital und eine Militär-Academie. Der Hafen von Norfolk und Portsmouth, welcher durch die Rhede von Hampton mündet, ist einer der besten der atlantischen Küste. Dampfboote gehen täglich von hier aus nach Richmond, Washington und Baltimore, und Cars täglich nach Wilmington in Nord-Carolina. — Hampton, am linken Ufer des James, mit 1 Rathhaus, 4 Kirchen und 1320 Einwohner; die Rhede (Hampton Roads) bildet einen sichern und bequemen Hafen, der hinlängliche Tiefe für die größten Kriegsschiffe hat, und wird durch die Forts Monroe und Calhoun geschützt. Der Schiffscanal, welcher von den Caps von Virginien nach der Rhede führt, wird durch Old Point Comfort eingeengt und führt den Namen Rip-Raps. — Williamsburg, die älteste incorporirte Stadt des Staates und einst die Hauptstadt, auf einer fruchtbaren Ebene, zwischen den Flüssen York und James, mit 3 Kirchen, dem Magazin, den Gebäuden des William- und Mary-College, 1 Irrenanstalt, 2 Academien und 1680 Einwohnern. — Yorktown, am rechten Ufer des York, 70 Meilen von Richmond, früher eine blühende Stadt, jetzt ganz im Verfall und kaum 40 Häuser zählend. — Fredericksburg, am Ufer des Rappahanock, in herrlicher Lage und mit bedeutender Wasserkraft; die Stadt enthält: 1 Rathhaus, 2 Banken, 1 Waisenhaus, 5 Kirchen, 5 Academien und 5020 Einwohnern. — Cars kommen und gehen täglich nach Washington und Richmond (Eisenbahn). — Charlottesville, am rechten Ufer der Rivanna, in einem fruchtbaren Thale belegen, mit 4 Kirchen, 1 Academie, 1 weibliches Seminar, der von Jefferson gegründeten Universität und 2340 Einwohnern. — Lynchburg, am rechten Ufer des James, 116 Meilen von Richmond, auf einem steilen Abfall und von den herrlichsten Scenerien umgeben; der bedeutendste Handelsplatz für Taback; mit 2 Banken,

3 Sparcassen, 8 Kirchen, 15 Academien und Schulen, 1 Bibliothek, 30 Tabacksmanufacturen, mehreren ausgedehnten Mühlwerken und 6853 Einwohnern; der James-River-Canal
erstreckt sich von hier bis Richmond, 147 Meilen weit. — Farmville, am rechten Ufer des
Appomatox, mit 3 Kirchen, 1 Bank, 10 Tabacksmanufacturen und 1600 Einwohnern;
10 Meilen südwestlich von hier ist das Hampden-Sydney-College, und in der Nähe desselben ein theologisches Seminar. — Staunton, 120 Meilen von Richmond, an den Quellen-
wassern der Shenandoah, mit 1 Rathhaus, 1 Staats-Irrenanstalt, 1 Taubstummen- und
Blindenanstalt, 4 Kirchen, 2 Academien, 2 Seminarien und 4000 Einwohner: — die
Augusta Springs, 12 Meilen nordwestlich von Staunton, ein starkes Schwefelbad mit
vielen Bequemlichkeiten für Gäste, in einer romantischen Gegend, in der Nähe sind die
Cyklopenthürme, eine der interessantesten Naturmerkwürdigkeiten. — Weyer's Höhle, 17 Meilen
nordwestlich von Staunton, eine Tropfsteinhöhle, welche der Grotte von Antiparos zur
Seite gestellt werden kann. — Die Warm Springs, 57 Meilen von Staunton, herrlich
in einem schmalen, fruchtbaren Thale zwischen zwei Bergreihen gelegen; außer den Kantons-
gebäuden und einigen eleganten Hôtels sind hier nur wenige Häuser; die warmen Quellen
sind ungemein gasreich, reinigend und stärkend; 5 Meilen davon entfernt, in demselben
Thale sind die Hot Springs (heißen Quellen), die, wie jene im Sommer fleißig besucht
werden. Die White Sulphur Springs (weiße Schwefelquellen), der berühmteste Badeort
Virginias, ist 229 Meilen von Richmond, am westlichen Abhange der Alleghany's, in
einem ausgedehnten Thale gelegen, das überaus reich an malerischen Naturschönheiten ist.
Die hier errichteten Bequemlichkeiten für Badegäste vermögen 1500 Fremde aufzunehmen.
Die Blue Sulphur Springs (blaue Schwefelquellen), sind 22 Meilen westlich von den
vorigen; in einem Thale, das auf drei Seiten von hohen Bergen eingeschlossen, wild und
romantisch ist; die Badehäuser bieten für 400 Gäste Raum. Andere ebenfalls sehr besuchte
Bäder, an denen West-Virginien so reich ist, sind: die Sweet Springs (süßen Quellen)
29 Meilen von Fincastle; eine Meile nördlich von diesem, der Red Spring des Alleghany,
der besonders heilsam bei rheumatischen Leiden ist; ferner: die Salt Sulphur Springs,
36 Meilen vom Dorfe Union, am Indian Valley Creek; die Red Sulphur Springs,
16 Meilen von den vorigen, am Indian Creek u. m. a. — Lexington, auf dem hohen
westlichen Ufer des North Rivers, 146 Meilen von Richmond und 32 von Staunton, mit
1 schönen Rathhaus, 4 Kirchen, dem Washington-College, 1 Militärschule, 1 lateinischen
Schule, 1 weibliche Academie und 1620 Einwohnern; 14 Meilen südöstlich ist die berühmte
natürliche Felsenbrücke, deren mittlere Höhe über dem Strome 215', ihre Länge 93' und
ihre Breite 80', beträgt. — Wytheville, 252 Meilen von Richmond, mit 4 Kirchen und
900 Einwohnern; 20 Meilen davon sind die Grayson Sulphur Springs an Red River.
— Fincastle, am südöstlichen Abhange des Catawba Theiles, mit 1 Rathhaus, 4 Kirchen,
2 Academien und 880 Einwohnern; 12 Meilen davon sind die Botletourt Springs,
Schwefelquellen und 18 Meilen davon Dagger's Springs, kräftige Säuerlinge. — Abington,
in der Gabel der Holsten, 8 Meilen von der Grenze von Tennessee, die blühendste Stadt
im südwestlichen Theile Virginia's, mit 1 Rathhaus, 4 Kirchen, 2 Academien, mehreren
Manufacturanlagen und gegen 2000 Einwohnern; Emery- und Henry-College sind 10 Meilen
davon entfernt und 18 Meilen von Abington sind die Chilowen Sulphur Springs. —
Estillville, in der Nähe des Clinch, an der Grenze von Tennessee, mit 1 Rathhaus, 1 Kirche
und 60 Wohnhäusern; 4 Meilen davon sind die Holston Springs und 12 Meilen westlich
der natürliche Tunnel, eine natürliche Passage durch den Felsen von 440 Fuß Länge,
durch welche die Poststraße und ein kleiner Strom führt. — Wheeling, am Ohio, an der
Mündung des Wheeler Creek, 104 Meilen von Pittsburg dem Laufe des Flusses nach,
und von hohen, steilen, an Steinkohlen reichen Bergen umgeben, mit schönem Rathhaus,

12 Kirchen, 2 Banken, 2 Academien, 1 Theater, 1 Maurerhalle, dem Wheeling-Institut, großen Mühlen und Manufacturen. Dampfboote gehen von hier täglich nach Cincinnati ec. Eisenbahn-Cars nach Baltimore. — Elisabeth, 12 Meilen unterhalb Wheeling am Ohio mit 1 Rathhaus und nur wenigen Wohngebäuden; auf der Ebene umher liegen viele indianische Grabhügel (Tumuli) zerstreut, darunter einer von 116' Höhe und einen Umfang von 400 Yards. — Patersburg, an der Nordseite des kleinen Kanawha, an dessen Mündung in den Ohio, mit 1 Rathhaus, 1 Bant, 4 Kirchen und 1500 Einwohner. — 2 Meilen unterhalb ist im Ohio Blammerhaffetts Island, eine reizende Insel. — Point Pleasent, am linken Ufer des Ohio, an der Mündung der Kanawha, mit 2 Kirchen und 510 Einwohnern. Dampfboote gehen täglich von hier nach Pittsburg und Cincinnati. — Guyandote, an der Mündung des gleichnamigen Flusses in den Ohio, 337 Meilen unterhalb Pittsburg, mit 1000 Einwohnern; — ansehnlichen Handel, treibende und rasch sich hebende Städte. — Viele dieser Städte, haben durch den Krieg der Jahre 1861–1865 gelitten, sie werden sich aber im Frieden schnell erholen. —

Die Bemerkungen, gemacht durch „Herrn Struve", in Bezug des Reichthums und Fruchtbarkeit der Thalländereien des Staats Virginia sind außerordentlich correct. Diese Thäler sind völlig so fruchtbar wie der Boden des berühmten Dithmarschen im Herzogthum Holstein. Jede Art Korn und Gras sowie Gemüse gedeihen außerordentlich gut. Das Klima Virginiens ist sehr gesund. Der Winter kurz und nicht so strenge als in Nord-Deutschland, der Sommer lang und schön, vollkommen frei von Fieber, und das Klima gleicht dem Süd-Deutschlands und ist der Gesundheit, den Gewohnheiten und Verhältnissen des Deutschen Auswanderers sehr zuträglich.

Auch kann man von New-York pr. Eisenbahn über Philadelphia, Baltimore und Washington die Hauptstadt von Virginien, Richmond, in 18 Stunden erreichen und in kurzer Zeit werden Schiffe direct von Hamburg nach Norfolt (Virginia) expedirt, wodurch den Auswanderern lange und sehr kostspielige Landreisen erspart werden.

W. MARSH,
Consul der Vereinigten Staaten

Deutsche Gesellschaften.

Die bereits seit längerer Zeit bestehenden deutschen Gesellschaften sind die folgenden:
New-York, N. Y. Deutsche Gesellschaft. Präsident: Ph. Bissinger. Agent: Th. Rose.
Baltimore, Md. Deutsche Gesellschaft. Präsident: T. Schuhmacher. Agent: H. F. Wellinghoff.
Cincinnati, O. Einwanderungs- und Unterstützungs-Verein. Secretär: E. Strobel, Agent: F. König.
Chicago, Ill. Illinois Hülfsverein für deutsche Einwanderer. Secretär: F. Knobelsdorf
New-Orleans, La. Deutsche Gesellschaft. Agent: P. von Kömerich.
Philadelphia, Pa. Deutsche Gesellschaft. Agent: P. Widmayer.
St Louis, Mo. Deutsche Gesellschaft. Agent: Fr. Jaensch.
Zu diesen haben wir noch hinzuzufügen:
Washington, D. C. Deutsche Gesellschaft. Präsident: John Hitz. Agent: R. Rhynders.
Es steht zu erwarten, daß in Folge der vielen Versuche, einen Theil der deutschen Einwanderung in die südlichen Staaten zu lenken, auch dort in den kommenden Jahren neue deutsche Gesellschaften entstehen und fast überall ein reiches Feld für ihre Thätigkeit finden werden.

Höhere deutsch-amerikanische Lehranstalten.

Von Dr. A. Donai.

Seit einigen Jahren zeigt sich allenthalben unter den Deutschen der Union das Streben, gute deutsch-englische Schulen in's Leben zu rufen, welche Elementar-Classen haben und in ihren Ober-Classen den höheren Bürger- und Real-Schulen Deutschlands gleichkommen sollen.

Wir geben hier die Namen der bereits bestehenden:

Dr. Gercke's und Rösly's Knabenschule, West 23. Straße, New-York; 96 Knaben in 6 Classen; Schulgeld Doll. 60—160 jährlich.

Dr. Gercke's und Rösly's Knaben- und Mädchenschule, West 26. Straße, New-York; 100 Kinder in 5 Classen.

Dr. Gercke's und Fräulein Heumann's Mädchenschule, West 22. Straße, New-York; 90 Mädchen in 5 Classen.

Hoboken Akademy, Director A. Donai; 450 Kinder in 11 Classen, nächstens 13; Schulgeld von Doll. 16—50 jährlich.

Zionsschule in Baltimore, Director Pastor Scheib; 650 Kinder in 9 Classen; Schulgeld Doll. 20 jährlich.

Deutsch-amerikanische Schule in Milwaukee, Director C. Engelmann; 800 Kinder in 12 Classen; Schulgeld Doll: 24.

Deutsch-amerikanische Schule in Detroit, Director Ed. Feldner; 600 Kinder in 10 Classen; Schulgeld Doll. 20.

Vor dem Kriege bestand in St. Louis eine deutsche Realschule, welche durch den Krieg zu Grunde ging.

Schulen vom Range deutscher Elementar- und Bürgerschulen, in welchen die deutsche und englische Sprache gleichberechtigt sind, bestehen in großer Zahl und in fast allen Städten, welche eine ansehnliche deutsche Bevölkerung haben. — Wir werden später eine vollständige Liste derselben liefern.

Es ist vielseitig an der Gründung einer deutsch-amerikanischen Universität und polytechnischen Anstalt gearbeitet worden, doch bisher ohne Erfolg. Es dürfte noch am ersten eine der obengenannten Realschulen sich zur polytechnischen Anstalt erweitern, wenn sie erst zahlreiche Schüler bis in die Oberclassen heraufgebildet haben werden.

Circulair

der

Virginischen Einwanderungs-Gesellschaft.

Durch die

(General-Assembly) gesetzgebende Versammlung constituirt.

Den 5. März 1866.

Beamte.

Präsident: Herr James Barbour.

Secretair und Schatzmeister: Herr Dr. W. B. Robertson.

Eine Akte zur Constituirung der Virginischen Einwanderungs-Gesellschaft.

Votirt den 5. März 1866.

1) Die General-Assembly genehmigt und beschließt: Daß John T. Davis, Alexander Rives, Lancelot Minor, A. F. Robertson, E. L. Shelton, Wm. H. Richardson, James Barbour, W. B. Robertson, Robert Ellis, Jno. M. Forbes, und alle anderen Personen, welche späterhin eventuell demselben zugesellt werden, einen gesetzlich selbständigen Körper bilden, und als solcher hierdurch constituirt werden sollen, unter der Benennung und Firma: „Die Virginische Einwanderungs-Gesellschaft", und zwar zu dem Zwecke: diesem Staate Einwanderer zuzuführen. Besagte Personen können Subscriptionen abgeben und die erwähnte Gesellschaft kann Subscriptionen auf Geld, Ländereien und anderes Eigenthum annehmen, in Actien zu 5 Dollars jede, bis zu einem 300,000 Dollars nicht überschreitenden Betrage.

2) Diese Acte ist nach Belieben der General-Assembly der Modification und dem Widerruf unterworfen.

3) Diese Acte tritt im Augenblicke ihrer Genehmigung in Kraft.

Agent für ganz Deutschland:

W. MARSH,

Consul der Verein. Staaten.

Marktstraße Nr. 11, Altona.

Auswanderung nach den Verein. Staaten von Amerika.

Die Virginische Einwanderungs-Gesellschaft

empfiehlt der Aufmerksamkeit der Einwanderer die folgenden Erläuterungen ihrer Ziele und Absichten.

Die Gesellschaft ist durch die gesetzgebende Versammlung dieses Staates zu dem Zwecke constituirt worden, biedere und werkthätige Einwanderer zur Ansiedelung in Virginia aufzumuntern, ihnen dann zur Sicherung einer behaglichen Heimath an die Hand zu gehen und sie vor Uebervortheilung und Schaden, durch schlaue und gewissenlose Agenten oder Speculanten, zu schützen.

Die Angestellten der Gesellschaft bieten den Ansiedlern jeden ihnen möglichen freundlichen Beistand an, sowohl für die zweckmäßige Auswahl von Ländereien zu billigen Preisen, als auch für jede wünschenswerthe Erleichterung in den Bedingungen. Sie verbürgen jedem neuen Ankömmling geschäftliche Ehrenhaftigkeit und persönlich humane Behandlung.

Die Abschaffung der Sclaverei hat den größten Theil unserer reichen Gefilde der Cultur und der Anbauer beraubt, und wir können zuversichtlich behaupten, daß kein Land auf dem amerikanischen Continent sich in diesem Augenblick der Vorzüge und Vortheile rühmen kann, die Virginien dem Einwanderer darbietet.

Unähnlich dem Westen, welcher nur eine einförmige Wildniß ohne Heerstraßen, Canäle oder Märkte bildet, ausgenommen in großer Entfernung, finden sie hier gute Heerstraßen, Canäle, Eisenbahnen, Mühlen, Kirchen ꝛc. so wie bequem gelegene Märkte oder Absatzplätze, für alle ihre Producte und zwar zu höheren Preisen als dort zu erlangen wären, selbst wenn sie weithin versandt würden. Im Westen hat der Ansiedler alles von Grund aus zu schaffen, während er hier alles Erforderliche vorbereitet findet und die Bewirthschaftung sogleich antreten kann; kurz, alle Vorzüge eines alten bewohnten Landes, verbunden mit den Vortheilen eines neuen. In Virginien trifft der Einwanderer einen reichen fruchtbaren Boden und ein herrliches gesundes Klima. Gleich weit von der strengen Kälte des Nordens und erschlaffenden Hitze des Südens, bietet das Land ihm Eigenschaften, welche beiden mangeln.

Die Erzeugnisse dieses Staates sind: Weizen, Roggen, Hafer, Gerste, Buchweizen, Mais, Taback, Flachs, Hanf, Heu, süße und irländische Kartoffeln, sowie eine unendliche Mannigfaltigkeit von Wurzeln und Gemüsen, Früchten, Nüssen, auch Aepfeln, Birnen, Pfirschen, Pflaumen, Kirschen, Trauben, Erdbeeren, Melonen, Wallnüssen, Kastanien, Lambertnüssen, Hickorynüsse und viele andere minder wichtigere. Alle Erzeugnisse Teutschlands, Frankreichs und Großbritanniens wachsen hier in großer Vollkommenheit. Tausende von Morgen des besten Bodens zu Wein und Früchten, wie er in Frankreich und Teutschland sich nicht immer findet, können hier für wenige Dollar pr. Morgen erworben werden. Es giebt in der That keine Gegend auf dem ganzen Erdball, welche alle Gattungen von Früchten, Gemüsen und Getreide in solcher Vollkommenheit hervorbringt, wie Virginien. Diejenigen Ländereien, welche durch lange Bewirthschaftung etwa minder ergiebig und erschöpft sind, können mit geringen Kosten und leichter Mühe wieder verbessert werden, während außerdem Tausende von Morgen Landes noch niemals angebrochen und noch mit ihrer ursprünglichen Waldvegetation bedeckt sind. Diese Stellen übertreffen an Ertragsfähigkeit die meisten Ländereien des Westens, welche jetzt überhaupt dem Einwanderer

4

zugänglich sind, und zu billigeren Preisen. Selbst da, wo das Land im Westen ergiebiger ist, machen die großen Entfernungen die Ernte werthlos, da die Transportkosten in vielen Fällen den erwarteten Verkaufspreis übersteigen würden. Hier hat fast Jeder den Markt vor seiner Thür. Zieht man alle diese Verhältnisse zusammen in Betrachtung, so stellt sich Land in Virginien billiger, als das von gleicher Qualität in irgend einer Gegend des Westens.

Neben der landwirthschaftlichen Ergiebigkeit Virginiens übertrifft sein Mineralreichthum den irgend eines andern Landes der Welt. Kohlen, Eisen, Blei Kupfer, Zink, Zinn, Gold, Salz, Mergel, Gyps, Kalk, Cement und andere werthvolle Mineralien, sind in fast jedem Bezirke des Staates im Ueberfluß vorhanden. Dabei die schönsten Wasserkräfte, sowie die bequemsten Bodenverhältnisse zu Fabrikanlagen, wie sie kein anderer Staat aufzuweisen hat.

In dieses so reiche und fruchtbare Land wird nun der europäische Einwanderer zu ziehen eingeladen, um dort den reichen Lohn redlicher und emsiger Arbeit, sowie seines Unternehmungsgeistes zu ernten. Ein herzliches Willkommen und eine hülfreiche Hand werden allen Ankömmlingen geboten, denn dazu eben hat sich die Virginische Einwanderungs-Gesellschaft gebildet. Diese Gesellschaft besteht ausschließlich aus virginischen Landbesitzern, welche nur den Wunsch hegen, ihre Ländereien angebaut und verbessert zu sehen. Die Gesellschaft besitzt sehr ausgedehnte Flächen eines vorzüglichen Bodens, welchen sie den Einwanderern entweder für eine Reihe Jahre billig verpachten, oder zu niedrigen Preisen gegen baare Zahlung, oder auf Credit, nach Uebereinkunft, verkaufen will. Die Angestellten der Gesellschaft machen sich auch anheischig, für die Einwanderer, ohne Entgelt für Bemühung, auch andere Ländereien, deren sie bedürfen sollten, anzukaufen oder zu pachten. Ein Einwanderer, welcher hinreichende Mittel hat seine Ueberfahrt zu decken, und sich ein Haus zu bauen oder zu kaufen (was hier nur eine kleine Summe in Anspruch nimmt), kann sich eine behagliche und unabhängige Existenz verschaffen, und dabei so viel gutes culturfähiges Land für $ 3—20. für den Acker in freies Lehne nehmen, als er bebauen kann.

Es wird durchaus keine Remuneration von dem Einwanderer für irgend welche durch die Angestellten oder Agenten der Gesellschaft demselben geleistete Dienste gefordert.

Gutes Land ist für Ankömmlinge entweder in Pacht oder Kauf zu den billigsten Bedingungen zu haben. Es kann auch Land auf eine lange Reihe Jahre gegen einen Theil der erzeugten Ernten oder einen kleinen jährlichen Zins gepachtet werden.

Handwerker und Ackersleute jeder Classe sind hier stets begehrt und finden prompte und einträgliche Beschäftigung. Diesen wird von den Agenten der Gesellschaft bereitwillig jede mögliche Beihülfe geleistet werden, um ihnen Anstellung zu verschaffen.

Alle an den Unterzeichneten oder den Agenten der Gesellschaft gerichteten Mittheilungen werden prompt beantwortet.

W. B. Robertson,

Secretär der virginischen Einwanderungsgesellschaft.

Comptoir der Virg. Immigr. Society,
Lynchburg, im Staate Virginia.

Agenten.

Mr. **William Marsh**, Consul der Vereinigten Staaten in Altona. Die Herren **Bullock & Robertson**, Rumfort Court, Liverpool, und **Cary & Macfarland**, 150, Leadenhall Street, London, sind bevollmächtigte Agenten dieser Gesellschaft, und werden Allen, welche nach Amerika zu ziehen wünschen, jede erforderliche Auskunft ertheilen.

A. F. Robertson, Commissionair.

Bekanntmachung.

Bureau
des Metropolitan Gesundheitsraths,
No. 301, Mott Street.

o W. MARSH, Esq.
U. S. Consul.
Altona.

New - York, den 10. Novbr. 1866.

Mein Herr! Bei einer Zusammenkunft des Metropolitan Gesundheitsraths in dessen Bureau am 8. November 1866 abgehalten, wurden folgende Resolutionen gefaßt und der Secretair beauftragt, eine Abschrift an alle Eigenthümer, Capitaine und Agenten derjenigen Schiffe, welche Passagiere nach diesen Hafen befördern, zu senden.

1) „Beschlossen: Der Metropolitan Gesundheitsrath wird nicht erlauben, daß Kleidungsstücke, die irgend welchen ansteckenden Krankheiten ausgesetzt gewesen sind, gelandet werden dürfen, bevor sie nicht gründlich gelüftet und gereinigt worden sind."

2) „Beschlossen: Der Metropolitan Gesundheitsrath wird nicht erlauben, daß Bettzeug, welches während der Reise oder anderwärts dem Krankheitsgift des Typhus oder Typhus-Fiebers, der Blattern, Cholera oder anderer gefährlicher Krankheiten ausgesetzt gewesen ist, in diesem Districte eingeführt werden darf."

(Eine übersetzte Copie.)

Emmons Clark,
Secretair des Metropolitan Gesundheitsraths,
New-York.

4 *

Quittungen, Billets, Wechsel mit Anweisung.

Anweisung.

New-York, den 3. April 1864.

Herrn John Wright, Wallstraße.

Zahlen Sie Herren Wilhelm Field & Forrest, oder Inhaber, die Summe von neunzig Dollars.

Doll. 90.   J. Harris.

Wechsel (eine Tratte).

Für 500 Doll.

Manchester, 17. August 1865.

Auf Verlangen (nach Sicht) belieben Sie gegen diesen Prima-Wechsel an Herrn — — die Summe von fünfhundert Dollars zu zahlen, Valuta erhielt ich in Waaren, und es in Rechnung zu stellen, laut Bericht.

Henry Jones.

Verschreibung, Schuldschein.

Ich verspreche hiemit an Herrn James Carry, oder dessen Ordre, nächsten 1. Juni sechshundert und fünfzig Dollars nebst üblichen Zinsen, zu zahlen. Werth erhalten.

Philadelphia, 1. März 1855.

Charles Roberts.

New-York, 1. Mai 1865.

500 Dollars.

Ich verspreche hiermit, drei Monate nach Dato an die Herren Watson & Co., oder deren Ordre, fünfhundert Dollars ohne allen Abzug zu zahlen. Werth erhalten.

Charles Wrinkles.

Receipts, Bill of Exchange, Promissory Notes and Check.

A CHECK.

New-York, April 3, 1864.

Mr. John Wright, Wall Street.

Pay Messers William Field & Forrest, or bearer. the sum of Ninety Dollars.

Doll. 90.   J. Harris.

Bill of Exchange (a draft).

For Doll. 500.

Manchester, 17th Aug. 1865.

On demand (at sight) please to pay by this first bill of exchange to Mr. the sum of five hundred dollars for value received in goods, and put it to my account per advice.

Henry Jones.

PROMISSORY NOTE.

I hereby promise to pay to James Carry, or order. on the first of June next, six hundred and fifty dollars, with lawful interest, for value received.

Philadelphia. March 1, 1865.

Charles Roberts.

New-York, May 1. 1865.

Doll. 500.

Three months after date I promise to pay to Messers Watson & Co., or order. five hundred Dollars. without defalcation. Value received.

Charles Wrinkles.

Auf Verlangen (nach Sicht).

100 Dollars.

Baltimore, 7. Juli 1865.

Ich verspreche hiermit, dem Herrn Peter Robson, oder dessen Ordre, auf Verlangen sofort hundert Dollars, nebst Zinsen a dato zu zahlen. Werth erhalten.

Henry Payne.

Quittungen.

Von Herrn Charles Anderson die Summe von zweihundert Dollars, die ich ihm geliehen, voll und richtig erhalten zu haben, bekennt hiermit

Robert Wilkins.

Boston, 9. Juni 1865.

Ich bekenne hiermit, von Herrn James Evans die Summe von fünfzig Dollars, als den Betrag für ein Quartal Miethzins, für das ihm von mir vermiethete Logis erhalten zu haben.

Boston, 1. August 1865.

William Dickins.

On demand.

Doll. 100.

Baltimore, 7th July 1865.

I promise to pay to Mr. Peter Robson, or order, on demand, one hundred dollars, with interest from this date. Value received.

Henry Payne.

RECEIPTS.

Received from Charles Anderson the sum of two hundred dollars, in full of all demands, which I had lent him. —

Boston, June 9th, 1865.

Robert Wilkins.

I hereby acknowledge to have duly received from James Evans the sum of fifty dollars, being the amount of one quarter's rent for his lodging by me let to him.

Boston, 1st of August 1865.

William Dickins.

Die deutsche Sprache im Congreß.

In den westlichen Staaten der Union ist es seit Jahren Gebrauch gewesen, wegen der großen Anzahl der deutschen Einwohner die Botschaft der Gouverneure, sowie andere öffentliche Documente in's Teutsche übersetzen und in einer Anzahl von Exemplaren unentgeltlich vertheilen zu lassen. Die Wichtigkeit der deutschen Bevölkerung und der dadurch angeregte Wunsch, das Vertrauen der Teutschen zu gewinnen und die Einwanderung von Teutschen zu befördern, hat in neuerer Zeit viele Staaten, die früher dem Teutschthum nicht die Aufmerksamkeit schenkten, dem Beispiele der westlichen Staaten zu folgen, und für die Uebersetzung wichtiger Documente in's Teutsche Sorge zu tragen, und voraussichtlich ist die Zeit nicht fern, wo kein Staat sich dieser Sitte entziehen wird.

Es wird für alle Teutsche hier und im alten Vaterlande interessant zu sein, zu sehen, daß jetzt die deutsche Sprache auch im Congreß zur Geltung kommt. Wentworth von Illinois hat im Abgeordneten-Hause beantragt, das Druck-Comite zur Berichterstattung darüber zu beauftragen, ob nicht der Bericht Grant's auch in deutscher Sprache gedruckt werden soll. Dieser Antrag wurde angenommen. Ein ähnlicher Antrag, den Herr Price von Jowa in Betreff der Präsidentenbotschaft mit ausdrücklicher Hinweisung auf den Patriotismus der Teutsch-Amerikaner stellte, wurde ebenfalls angenommen.

Hamburg - Amerikanische
Packetfahrt-Actiengesellschaft.

Directe Post-Dampfschifffahrt
zwischen

Hamburg u. New-York,
Hamburg u. New-Orleans,

eventuell ☞ **Southampton** ☜ anlaufend,

vermittelst der Post-Dampfschiffe

Allemannia,	Capt. Meier,	2800 Tons,	700 Pferdekraft.
Bavaria,	„ Meyer,	2400 „	500	„
Borussia,	„	2200 „	500	„
Germania,	„ Schwensen,	3000 „	700	„
Hammonia (neu)	„ Ehlers,		„	„
Saxonia,	„ Haack,	2500 „	600	„
Teutonia,	„ Bardua,	2400 „	500	„
Cimbria (im Bau)	„ Trautmann,		„	„

Die Expeditionen finden regelmässig Statt: **alle 14 Tage** bis zum 2. März.
alle 8 Tage bis zum 27. October. **alle 14 Tage** bis zum 21. December.

Passage-Preise incl. Beköstigung:

Von Hamburg nach New-York:	Von New-York nach Hamburg:
Oberer Salon . . . . . . Pr. Thlr. 165	Oberer Salon . . . . . . Doll. 125. —
Unterer Salon . . . . „ „ 115	Unterer Salon . . . . . . „ 75. —
Zwischendeck . . . . . „ „ 65	Zwischendeck . . . . . . „ 37. 50

Kinder unter 10 Jahr zahlen die **Hälfte, Säuglinge** bis zu 1 Jahr 3 ₰ pr. Ct.

☞ Exped. von **Hamburg** nach **New-Orleans** am 1. Octbr. u. 1. Novbr:
„ „ **New-Orleans** nach **Hamburg** am 15. Novbr. u. 15. Decbr.

Passage-Preise: 1. Cajüte **200** ₰. 2. Cajüte **150** ₰, 3. Cajüte **65** ₰ pr. Crt.

☞ Die Dampfböte sind mit wasserdichten Abtheilungen erbaut, haben einen erfahrenen Arzt an
Bord. Passagier-Einrichtungen und Beköstigung sind vortrefflich. Die Raschheit und Praci-
sion der Reisen haben denselben ein ausgezeichnetes Renommé erworben.

Näheres zu erfragen wegen Passage und Fracht:

In **Hamburg:** # Aug. Bolten,
Wm. Miller's Nachf. Admiralitätstrasse 37.

In **Southampton:** bei **Smith, Sundius & Co.,** 4, Oriental Place.
In **New-York:** bei **Kunhardt & Co.** 45, Exchange Place.

B. M. Sloman's
Regelmässige Packet-Schifffahrt
von
Hamburg nach Nordamerika, Südamerika u. Australien.

Expedition
von
Donati & Co. in Hamburg.

Die Linie des Herrn **Rob. M. Sloman,** eigends zur Passagier-Beförderung eingerichtet, besteht jetzt aus folgenden **18** schnellsegelnden, dreimastigen Schiffen mit einem Tonnengehalt von 28,700 Tonnen Maassgut, welche sämmtlich gekupfert, mit eleganten Cajüten und allen möglichen Bequemlichkeiten für Reisende und Auswanderer versehen und zu obigem Dienste verwendet werden, nämlich:

Schiff		Capitän	Tonnen	Schiff		Capitän	Tonnen
Palmerston neu	Cpt.	Kölln	ca. 2500 T.	Eugenie	Cpt.	Cahnbley	ca. 1600 T.
Electric	„	Junge	„ 2000 „	Doctor Barth	„	Meyer	„ 1600 „
Leibnitz neu	„	Stolzenberg	2000 „	Prinz Albert	„	Plump	„ 1200 „
SirJohnLawrence neu	„	Lenz	ca. 1800 „	Sun Lee	„	Dahl	„ 1000 „
Humboldt neu	„	Boysen	„ 1800 „	Washington	„	Peyn	„ 900 „
Gutenberg neu	„	Meyer	„ 1800 „	Raleigh	„	Heiderich	„ 900 „
John Bertram	„	Hoepfner	„ 1800 „	Victoria	„	Petersen	„ 900 „
Lord Brougham	„	Jörgensen	„ 1800 „	Franklin	„	Fendt	„ 500 „
Herschel	„	Friederichs	1600 „	Nancy	„	Peters	„ 400 „

Die regelmässigen **Passagier-Beförderungen** finden wie folgt, Statt:

Von HAMBURG direct nach NEW-YORK,
am 1. und 15. jeden Monats.

Von HAMBURG direct nach NEW-ORLEANS,
am 1. Sept., 15. Sept., 1. October.

Von Hamburg direct nach Quebec,
am 1. u. 15. April, 1. u. 15. Mai, 1. u. 15. Juni, 1. u. 15. Juli.

Von Hamburg direct nach Dona Francisca, Blumenau und
Rio Grande do Sul,
am 10. April, 10. Juni, 10. August, 10. October.

In den letzten 18 Jahren wurden von hier direct ca. 182,000 Auswanderer expedirt, davon allein durch die Schiffe des Herrn **Rob. M. Sloman** ca. 132,800, gewiss der beste Beweis für die sorgfältige und gewissenhafte Ausführung der Expeditionen.

Zur Annahme von Passagieren von dem Rheder der obengenannten Schiffe, Hrn Rob. M. Sloman, allein ermächtigt, erlauben wir uns, dieselben zur Ueberfahrt allen Reisenden und Auswanderern bestens zu empfehlen. — Die näheren Bedingungen ertheilen auf portofreie Anfragen unsere Herren Agenten, so wie wir selbst auf das Bereitwilligste.

Hamburg, 1. Januar 1867.

Donati & Co.,
concessionirte Expedienten des Hrn. Rob. M. Sloman.
Baumwall No. 2 in Hamburg.

 Für Auswanderer.

Beförderung

nach

New -York, New -Orleans

und

Quebec,

pr. **Post-Dampfschiffe,**

sowie nach allen Häfen

Nord- u. Süd-Amerika u. Australien,

pr. **Clipper-Segelschiffe,**

zweimal wöchentlich,

durch die obrigkeitlich concessionirten Schiffs-Expedienten

George Hirschmann & Co.,

HAMBURG,

3, Neustädter Neuerweg No. **3.**

Um Auswanderern jeden Verlust zu vermeiden, können sie stets **amerikanisches Geld** bei uns zum Tages-Cours einwechseln.

57

Charles van Diemens „Express."

Speditions- u. Verladungsgeschäft,

ALTONA:
Königstrasse 18.

HAMBURG:
Börsenpassage 2, 3, 6, 8 u. 9.

HARBURG:
Bahnhofstrasse.

Beförderung

von

Waarensendungen, Reise-Effecten und Probepacketen.

Täglich	pr. Eisenbahn	nach und von allen Plätzen des Festlandes,
"	" Post-Dampfschiffe	" " " " " Englands
3 mal wöchentlich "	"	" " " " " Nordamerika's,
1 mal monatlich "	"	" " " " " Central- u. Südamerika's,
1 " "	"	" " " " " Afrika's,
2 " "	"	" " " " " China u. Indien's,
1 " "	"	" " " " " Australien's.

☞ Haulige Extra-Gelegenheiten pr Dampf- und Segelschiffe. ☜
Jede weitere Auskunft wird bereitwilligst am Hauptbureau, HAMBURG, Börsenpassage, ertheil.

Charles van Diemen.

Agent in NEW-YORK: L. W. MORRIS, 60, Broadway.

AUCTIONIR.

R. R. Rollins & Co.,

No. 438 Canal-Strasse New-York,

erlauben sich dem Publicum in Erinnerung zu bringen, dass sie immer bereit sind

alle Arten neue sowie alte Sachen,

zu den möglichst grössten Preisen zu kaufen und zu verkaufen. nämlich:

Fertige Möbeln, Kleidungsstücke, Juwelen, Uhren, Betten etc.

Wenn gewünscht. wird auf alle Sachen. die bei uns in Pfand gegeben werden.
Geld vorgeschossen. — Schnelle und gute Bedienung wird zugesichert.
französisch sowie **deutsch** gesprochen.

R. R. Rollins & Co.

No. 438, Canal-Strasse, NEW-YORK.

Südsee-Postdampfschiffgesellschaft.

Für die ganze Linie von

New-York nach Californien

anlegend in mexicanischen Häfen,

mit der Post der Verein. Staaten.

Die ganze Tour in 22 Tagen.

Atlantische Schiffe.	Südsee-Schiffe.
Arizona.	**Colorado.**
Henry Chauncey.	**Constitution.**
New-York.	**Golden City.**
Ocean-Queen.	**Sacramento.**
Northern Light.	**Golden Age.**
Costa Rica.	**Montana, &c. &c.**

Am 1., 11. und 21. jeden Monats
(falls ein Sonntag, am Sonnabend vorher)

12 Uhr Mittags, geht ein der Atlantischen Schiffe ab, von **Pier 42**, North-River Ende der **Canal Street**, nach **Aspinwall**. Die Route geht pr. Eisenbahn nach **Panama** und von da, in **Acapulco** anlegend, mit den Pacific-Steamers nach **San Francisco**.

Die am 1. und 21. abgehenden Schiffe stehen in Verbindung mit Dampfschiffen von **Panama** nach Häfen in **Central-Amerika** und der Südsee. Die am 1. abgehenden legen in **Manzanillo** an.

Passagiere der zweiten Cajüte und des Deckes erhalten für Familienglieder 25 pCt. Rabatt. — Jeder erwachsene Passagier hat **100 ℔** Gepäck frei. Packmeister bleiben die ganze Route beim Gepäck und warten Damen und Kinder auf, die keine männliche Begleitung haben. Das Gepäck wird am Tage vor der Abfahrt von Dampfern, Eisenbahnen und Passagieren entgegengenommen, wenn diese frühe Spedition wünschen.

Ein tüchtiger Chirurg ist an Bord. Medicin und Pflege gratis.

Man wendet sich Behufs weiterer Nachricht oder Passage-Billette an der **Companys Ticket Office**, an der Landungsbrücke, Ende der **Canal Street**, **North-River, N.-Y.**

F. W. G. Bellows, Agent.

Amerikanische
Einwanderungs - Gesellschaft.

Geschäfts-Local:
No. 3, Bowling Green, New-York.

Gesetzlich incorporirt für die

Beförderung u. Unterstützung der Einwanderung
aus fremden Ländern
nach den Vereinigten Staaten.

Autorisirtes Capital . . . . $ 1,000000
Eingezahltes Capital . . . „ 600000

Der Zweck dieser Gesellschaft ist, die Auswanderung von Personen eines jeden Standes aus Deutschland und anderen Ländern Europa's nach Amerika zu erleichtern.

Um dieses zu bewerkstelligen, hat die Gesellschaft durch Errichtung von **Agenturen in allen Theilen der Vereinigten Staaten** Vorkehrungen getroffen, welche sie in den Stand setzen, **Arbeitern fast jeglicher Art Beschäftigung zuzusichern.** Sie wird dieselben sofort nach ihrer Landung in New-York an den Ort ihrer Bestimmung befördern.

Für Handwerker jeder Art, für Minenarbeiter, Ackerbauer, Frauen und Knaben hat sie sofortige Beschäftigung.

Die Gesellschaft unternimmt in Uebereinstimmung mit den Gesetzen der Vereinigten Staaten, Contracte für amerikanische Arbeitgeber mit deutschen Arbeitern abzuschliessen, Kraft welcher den Arbeitern unter gewissen Bedingungen die Kosten ihrer Ueberfahrt vorgeschossen werden, um später nach und nach aus ihren Ersparnissen zurückbezahlt zu werden.

Die Einwanderer, welche unter ihrer Obhut nach den Vereinigten Staaten kommen, erhalten von der Gesellschaft Rath, Auskunft und Unterstützung, indem die Gesellschaft ihnen nicht nur Beschäftigung im Innern verschafft, sondern ihnen auch, wenn es nöthig ist, die Reisekosten vorstreckt.

Alles dieses erhalten die Einwanderer **ganz unentgeltlich,** indem die Gesellschaft ihren Profit ausschliesslich von den Arbeitgebern erwartet.

John Williams,
General-Agent für Einwanderung.
No. 3, Bowling Green, New-York.

Wichtig für Auswanderer.

Auswanderer-Beförderung

von

HAMBURG, BREMEN und LIVEPOOL über QUEBEC

nach

allen Plätzen in Canada und in den Vereinigten Staaten.

Diese Route ist für Auswanderer die kürzeste und zugleich die billigste. Ausser der Kürze und Billigkeit bietet dieselbe dem Auswanderer noch folgende Vortheile:

1. Auswanderer werden nach ihrer Ankunft in Quebec kostenfrei mittelst eines Dampfers vom Schiffe abgeholt. Sämmtliches Gepäck wird ebenfalls kostenfrei vom Schiffe nach der Eisenbahnstation befördert, wogegen der Einwanderer in New-York für die Beförderung eines jeden Packets vom Schiffe aus nach Castle Garden, mag das Packet gross oder klein sein, 10 Cents zu zahlen hat.

2. Sämmtliches Auswanderer-Gepäck wird kostenfrei von Quebec bis Chicago oder Milwaukie befördert, während der Auswanderer von New-York aus Uebergewicht bezahlen muss, wenn das Gewicht seines Gepäckes 80 Pfund überschreitet, wobei es nicht selten vorkommt, dass Familien mehr für Uebergewicht bezahlen müssen, als die ganze Fuhr kostet.

3. Deutschen Einwanderern wird von Quebec aus ein Dolmetscher oder Conducteur beigegeben, der von der Beförderungs-Gesellschaft besoldet wird. Derselbe hat für die Bequemlichkeit der Einwanderer während der Fahrt zu sorgen, ihr Gepäck zu überwachen, und namentlich darauf zu achten dass dieselben auf der Reise in keiner Weise übervortheilt werden. Von New-York aus hingegen ist der Einwanderer sich selbst überlassen.

4. Die Lebensmittel, Brod, Fleisch, Käse, Butter, Bier u. s. w. sind auf der Reise durch Canada wenigstens um die Hälfte billiger als in den Staaten.

5. Das Kopfgeld beträgt in Quebec 1 Doll., in New-York dagegen 2 Doll.

6. Einwanderer, welche von Quebec aus die Grand-Trunk-Eisenbahn nehmen, fahren in Wagen 2. Classe, und meistens mit dem Schnellzuge; Emigrantenzüge giebt es nicht.

7. Es besteht in Quebec ein Regierungs-Emigrations-Bureau, dessen Beamten dem ankommenden Einwanderer jede zu Gebote stehende Auskunft unentgeltlich ertheilen, und ihm in jeder Hinsicht mit Rath und That zur Seite stehen.

8. Zum Schutze der Einwanderer ist ferner die Verfügung getroffen, dass Niemand ohne die Erlaubniss des General-Emigrations-Agenten ein Einwanderer Schiff betreten darf, und dass nur der Beförderungs-Agent und der Dolmetscher berechtigt sind Reise-Billette an Einwanderer zu verkaufen.

T. D. Shipmann,
Beförderungs-Agent in Quebec.